겸손

Humility
by Andrew Murray

Korean edition ⓒ 2013 by Word of Life Press, Seoul, Korea
All rights reserved.
Printed in Korea.

겸손

ⓒ **생명의말씀사** 2013

2013년 7월 31일 1판 1쇄 발행
2024년 7월 18일   9쇄 발행

펴낸이 | 김창영
펴낸곳 | 생명의말씀사

등록 | 1962. 1. 10. No.300-1962-1
주소 | 서울시 종로구 경희궁1길 6 (03176)
전화 | 02)738-6555(본사) · 02)3159-7979(영업)
팩스 | 02)739-3824(본사) · 080-022-8585(영업)

기획편집 | 홍경민, 장주연, 최은용
디자인 | 윤보람
인쇄 | 영진문원
제본 | 보경문화사

ISBN 978-89-04-16430-1 (03230)

저작권자의 허락없이 이 책의 일부 또는 전체를
무단 복제, 전재, 발췌하면 저작권법에 의해 처벌을 받습니다.

앤드류 머리

겸손

앤드류 머리 지음 | **조숭희** 옮김

생명의말씀사

차례

머리말 ··· 6

01 겸손: 피조물의 영광 ··· 11

02 겸손: 구속의 신비 ··· 21

03 예수님의 삶에 나타난 겸손 ··· 33

04 예수님의 가르침이 보여준 겸손 ··· 43

05 예수님의 제자들 가운데 나타난 겸손 ··· 57

06 일상생활 속의 겸손 ··· 69

07 겸손과 거룩 …83

08 겸손과 죄 …95

09 겸손과 믿음 …107

10 겸손과 자아에 대한 죽음 …117

11 겸손과 행복 …131

12 겸손과 자기 높임 …143

머리말

우리를 겸손으로 이끄는 세 가지 큰 동기가 있습니다. 인간은 겸손을 통해 피조물로서, 죄인으로서, 또한 성도로서 존재하게 됩니다.

겸손의 첫 번째 동기는 천군 천사와 타락 전의 인간, 그리고 인자로서 오신 예수님에게서 볼 수 있습니다. 두 번째 동기는 타락한 상태에 있는 우리의 모습에서 비롯되며 피조물로서의 올바른 자리로 되돌아갈 수 있는 유일한 길이 무엇인지를 가르쳐줍니다. 겸손의 세 번째 동기는 은혜의 신비에서 비롯됩니다. 은혜의 신비를 통해 우리가 위대한 구속적 사랑에 잠기게 될 때 겸손이 영원한 복락과 찬송의 절정이 된다는 사실을 배우게 됩니다.

교회의 일반적인 가르침에서 둘째 측면이 지나치게 배타적으로 부각되어온 탓에 어떤 이들은 진정으로 겸손하려면 죄를 계속해서 지어야 한다는 극단적인 발언을 하기에 이르렀습니다. 또 다른 사람들은 강도 높게 자신을 정죄하는 것이 겸손의 비결이라고 생각합니다.

결국 그리스도인의 삶이 상당히 훼손된 데는 몇 가지 이유가 있습니다. 가장 먼저, 피조물인 우리의 모든 관계에 있어서 하나님이 전부가 되시고 우리는 아무것도 아니라는 태도가 가장 자연스럽고 아름답고 복된 것임을 신자들에게 분명하게 가르치지 않았기 때문입니다. 또 다른 이유는 우리를 가장 겸손하게 만드는 것은 죄가 아니라 은혜이고, 주님 앞에서 진정으로 가장 낮은 곳에 처하게 하시는 분은 창조주이자 구속자이신 하나님의 놀라운 영광을 소유하신 주님이시라는 것, 그리고 그 주님이 죄성으로 치달은 우리의 영혼을 다스리실 때 비로소 겸손에 이를 수 있음을 분명히 선포하지 않았기 때문입니다.

이 책에서 저는 몇 가지 이유로 피조물인 인간으로 서게 하는 겸손에 거의 전적인 주의를 기울였습니다. 그 이유는 겸손과 죄의 연관성이 교회의 모든 가르침 속에 풍성하게 나타나야 할 뿐만 아니라 그리스도인의 삶이 충만해지기 위해서는 겸손의 다른 측면도 부각될 필요가 있기 때문입니다.

겸손한 모습으로 오신 예수님이 진정 우리의 모범이 되시려면 겸손의 근본이 되는 원리, 또한 우리가 그분과 함께 서 있는 공통 기반이 될 뿐 아니라 그분의 형상에 다다를 수 있는 원리에 대해 이해할 필요가 있습니다. 우리가 하나님 앞에서만이 아니라 이웃에 대해서도 진정으로 겸손하고, 그 겸손이 기쁨이 되게 하려면 겸손이 죄로 말미암은 수치의 표지인 동시에 천국과 예수님이 주시는 아름다움, 축복으로 옷 입은 자의 표지도 됨을 깨달아야 합니다.

예수님은 종의 형체를 취하셨을 때 하나님의 영광을 발견하셨습니다. 주님은 우리에게 이렇게 말씀하십니다.

"누구든지 첫째가 되고자 하면 뭇 사람의 끝이 되며 뭇 사람을 섬기는 자가 되어야 하리라"(막 9:35).

예수님은 모든 사람의 종과 조력자가 되는 것만큼 하나님의 뜻과 하나님 나라에 조화되는 것은 없다는 복된 진리를 가르치셨습니다.

자신이 맡은 역할을 알고 있는 충성스러운 좋은 주인, 혹은 주인을 만나러 온 손님의 필요를 채워주는 데서 참된 기쁨을 발견합니다. 우리는 겸손이 뉘우침보다 훨씬 깊은 차원의 것이라는 사실을 이해하고 이를 예수님의 삶에 참여하는 것으로 받아들여야 합니다. 그렇게 할 때 겸손이 참된 고귀함이며, 모든 사람의 종이 됨으로써 겸손을 증거하는 것이야말로 하나님의 형상으로 지음 받은 우리 인생이 이룰 수 있는 최고의 가치임을 배우게 될 것입니다.

저는 개인의 신앙적 경험이나 전 세계 교회를 돌아볼 때 예수님을 따르는 제자의 구별된 특징인 겸손을 거의 추구하지 않는 모습을 보고 놀라곤 합니다. 설교와 삶 속에서, 가정과 사회에서 이루어지는 매일의 대화 속에서, 다른 그리스도인과의 더욱 특별한 관계 속에서, 그리스도를 위한 사역의 방향과 실제 사역 속에서 겸손이 중요한 덕목으로, 은혜가 자라나는 유일한 근원으로, 예수님과의 참된 교제를 위한 필수 요소로 존중받고 있지 못한 증거가 얼마나 많은지 안타까운 마음이 듭니다.

거룩을 더욱 깊이 추구한다는 사람들이 그들의 고백과 달리 겸손하지 않다는 비난을 받고 있습니다. 이러한 비난이 진실이든 아니든 간에 모든 신실한 그리스도인들은 온유하고 겸손하신 하나님의 어린 양을 따르는 마음의 표지로서 온유와 겸손을 나타내야 할 것입니다.

01
겸손: 피조물의 영광

Andrew Murray

> "이십사 장로들이 보좌에 앉으신 이 앞에 엎드려 세세토록 살아 계시는 이에게 경배하고 자기의 관을 보좌 앞에 드리며 이르되 우리 주 하나님이여 영광과 존귀와 권능을 받으시는 것이 합당하오니 주께서 만물을 지으신지라 만물이 주의 뜻대로 있었고 또 지으심을 받았나이다 하더라"(계 4:10-11).

하나님이 세상을 창조하신 목적 중 하나는 인간으로 하여금 그분의 완전하심과 복되심에 참여하게 하여 그 안에 있는 하나님의 사랑과 지혜와 권능의 영광을 보이시기 위함이었습니다. 하나님은 자신의 선하심과 영광을 인간이 받아들일 수 있을 만큼 교통하심으로써 자신을 계시하기를 원하셨습니다. 하지만 하나님의 이런 교통하심은 인간이 그 자체로 소유할 수 있는 것이 아니었습니다. 즉 인간 스스로 채우거나 버릴 수 있는 어떤 삶이나 선을 주신 것이 아니었습니다. 절대 그렇지 않습니다.

1. 겸손: 피조물의 영광

하지만 하나님은 항상 살아 계시고, 임재하시고, 행하시는 분이십니다. 하나님은 능력의 말씀으로 만물을 붙드시며, 그분 안에 만물이 존재합니다. 따라서 인간과 하나님은 끊임없이 절대적이고 보편적인 의존관계로서만 존재합니다. 하나님은 그분의 능력으로 참되게 세상을 창조하신 것과 같이 지금도 같은 능력으로 매 순간 참되게 세상을 유지해 나가십니다.

인간이 자신의 존재의 기원과 시작을 되돌아보면 자신의 모든 소유가 하나님으로 말미암은 것임을 인정하게 됩니다. 따라서 그의 관심사와 최고의 덕목과 유일한 행복은 이제부터 영원까지 자신을 빈 그릇으로 드려 하나님이 그 안에 거하시게 하고, 그분의 능력과 선하심을 나타내실 수 있도록 하는 것입니다.

하나님이 우리에게 주시는 생명은 단번에 부여되는 것이 아닙니다. 이는 매 순간 계속해서 역사하는 하나님의 위대한 능력으로 주어지는 것입니다. 따라서 사물의 본질이라는 측면에서 보면 하나님을 전적으로 의지하는 겸손은 피조물의 우선 되는 의무이자 가장 고귀한 덕목이며 모든 덕목의 근원입니다.

그러므로 교만을 일삼거나 겸손을 잃어버리는 것은 모든 죄와 악의 뿌리입니다. 타락한 천사들이 불순종함으로 천국의 빛으로부터 어둠으로 내쫓긴 것은 자기만족감에 젖으면서부터였습니다. 우리의 첫 조상이 고귀한 상태에서 지금 우리가 겪고 있는 비참함으로 전락한 것은 뱀이 교만의 독과 하나님과 같이 되고자 하는 욕망을 그들에게 불어넣었기 때문입니다. 하늘과 땅, 어디에서든 교만과 자기 높임은 지옥으로 이르는 문이자 지옥의 현시이며 지옥으로부터의 저주입니다(주 참조).

그러므로 잃어버린 겸손을 회복하고 피조물로서 본래 창조된 의도대로 하나님과의 참된 관계를 회복하는 것 외에는 그 어떤 것도 우리를 구속할 수 없습니다. 예수님은 이 땅에 겸손을 다시 가져오고, 우리로 하여금 겸손에 참여하는 자가 되게 하며, 그로써 우리를 구원하시기 위해 오셨습니다. 그분은 하늘로부터 자신을 낮추시어 사람이 되셨습니다.

우리가 예수님에게서 보는 그 겸손을 주님은 하늘에서 소유하고 계셨습니다. 겸손이 예수님을 이 땅으로 오게 하셨고, 예수님은 그 겸손을 하늘에서 이 땅으로 가져오셨습니다. 여기 이 땅에서 예수님은 "자기를 낮추시고 죽기까지 복종"(빌 2:8)하셨습니다. 예수님의 겸손은 그분의 죽으심에 가치를 부여했고,

그로 인해 주님의 죽으심은 우리의 구속이 되었습니다.

예수님이 전해 주시는 구원은 그분이 하나님과 가지시는 관계와 구속 사역의 근거와 토대가 되는 그분의 삶과 죽으심, 그분의 마음과 영혼, 그분의 겸손을 교통하는 것 그 이상도 이하도 아닙니다. 예수 그리스도께서는 완전한 겸손의 삶을 통해 피조물로서의 인간의 자리를 취하셨고, 그들의 운명을 이루셨습니다. 예수님의 겸손은 우리의 구원이 되고, 그분의 구원은 우리의 겸손이 되는 것입니다.

그래서 구원받은 성도의 삶은 죄로부터 구원받고 본래의 상태로 완전히 회복되었음을 보여주는 흔적을 지니고 있어야 합니다. 즉 하나님과 다른 사람들과의 모든 관계 속에서 겸손이라는 특징이 나타나야 합니다.

겸손 없이는 진정으로 하나님의 임재 안에 거하거나, 하나님의 사랑과 성령의 능력을 경험할 수가 없습니다. 겸손 없이는 지속적인 믿음, 사랑, 기쁨, 능력이 나타날 수 없습니다. 겸손은 은혜가 뿌리내리는 유일한 토양입니다. 모든 결함이나 실패의 원인은 겸손의 결핍에 있습니다. 겸손은 다른 덕목과 더불어 나타나는 은혜나 덕성이 아니라 모든 덕의 뿌리가 됩니다.

이는 겸손만이 하나님 앞에서 올바른 태도를 취하게 하고, 주님이 하나님으로서 모든 일을 하시도록 그분께 자리를 내어드리게 하기 때문입니다.

하나님은 우리를 이성적인 존재로 만드셨습니다. 따라서 우리는 계명의 실제적 본질이나 절대적 필요에 대한 통찰력이 진실할수록 더욱 충실히 계명에 순종하게 될 것입니다.

겸손에 대한 부르심이 교회에서 경시되는 이유는 겸손의 참된 본질과 중요성을 거의 이해하지 못하기 때문입니다. 겸손은 우리가 하나님께로 가져가거나, 하나님이 우리에게 주시는 어떤 것이 아닙니다. 겸손은 우리가 전적으로 아무것도 아닌 존재임을 깨닫는 것입니다. 그 깨달음은 하나님이 전부가 되심을 알고, 그분이 전부가 되시도록 길을 내어드릴 때 얻게 됩니다.

인간은 이와 같이 하는 것이 참으로 고귀한 일임을 깨닫고 하나님의 생명과 영광이 역사하고 나타나는 형상과 그릇이 되는 데 자신의 지성과 감정과 의지로 동의해야 합니다. 그때 겸손은 피조물로서 인간의 자리를 인정하고 하나님께 그분의 자리를 내어드리는 것임을 깨닫게 됩니다.

거룩을 추구하고 고백하는 신실한 그리스도인의 삶에서 겸손은 의의 주된 표지입니다. 그럼에도 불구하고 겸손의 표지가 나타나지 않는 이유는 교회의 가르침과 모범에 있어서 겸손이 최고의 자리에 놓인 적이 없기 때문일 것입니다. 다시 말하지만 이런 결과가 나타나는 이유는 진리를 소홀히 했기 때문입니다.

죄는 겸손에 이르게 하는 요소로 강력한 동기가 될 수 있습니다. 하지만 천사와 예수님과 하늘에 있는 가장 거룩한 성도들을 그토록 겸손하게 만든 보다 넓고 강력한 영향력을 가진 동기가 있습니다. 그것은 곧 피조물의 관계성에서 나타나는 주된 표지이자 축복의 신비로서 하나님이 전부가 되시게 하는 겸손이자 자신을 비우는 자세입니다.

저는 마음의 온유함과 겸손이 주인이신 예수님의 특징이자 그분을 따르던 사도들의 독특한 특성임을 깨닫지 못한 채 주님을 오랫동안 알아왔다고 고백하는 그리스도인이 많이 있다고 확신합니다. 심지어는 이런 겸손이 저절로 생겨나는 것이 아니며, 특별한 소원과 기도와 믿음과 행위의 대상이 되어야 한다는 사실조차 깨닫지 못한 사람들도 많을 것입니다.

말씀을 연구해보면 예수님이 제자들에게 이 점에 대해 매우 독특한 내용을 반복해서 가르치셨고 제자들이 얼마나 더디 이해했는가를 깨닫게 될 것입니다. 말씀 묵상을 시작하자마자 우리는 교만이 얼마나 자연스럽고, 음흉하며, 우리 시야에서 감춰져 있기에 매우 다루기 어렵고, 위험천만한 것인지를 인정할 수밖에 없습니다. 하나님과 그리스도를 단호함과 인내로써 의지하는 것만이 겸손에 있어서 우리가 얼마나 부족하고, 무력한가를 깨닫게 해준다는 것을 느껴야 합니다.

우리 영혼이 그리스도의 낮아지심을 사모하고 그분을 찬양하는 것으로 채워질 때까지 우리는 그분의 성품을 공부해야 합니다. 그리고 교만을 벗어버리는 데 있어서 우리가 얼마나 무력한 존재인가를 깨닫고 낮아질 때 예수 그리스도께서 직접 찾아오셔서 우리 안에 그분의 경이로운 생명력인 이 은혜도 허락하실 것임을 믿어야만 합니다.

NOTE

"이 모든 이야기는 교만이 가장 높은 천사들을 마귀로 타락시킬 수 있으며, 겸손이 타락한 혈과 육을 천사들의 보좌로 들어 올릴 수 있다는 영원의 영역을 알리기 위함입니다. 따라서 겸손은 타락한 천사들의 왕국으로부터 새로운 피조물을 세우려는 하나님의 위대한 목적입니다. 이를 위해 타락한 천사들의 불길과 교만, 그리고 하나님의 어린 양의 겸손은 전쟁의 상태에 있습니다. 마지막 나팔은 영원의 깊이를 통해 전달되는 위대한 진리처럼 들리며 악은 교만으로 시작되고 겸손이 아니면 끝날 수 없음을 알리고 있습니다.

진실은 이러합니다. 교만은 당신 안에서 죽어야 합니다. 그렇지 않으면 하늘의 어떤 것도 당신 안에서 살아 있을 수 없습니다. 진리의 깃발 아래 거룩하신 예수님의 온유하고도 겸손하신 영에 자신을 내어 맡겨야 합니다. 겸손은 그 씨가 뿌려져야만 합니다. 그렇지 않으면 하늘에서 열매를 거둘 수가 없습니다.

교만을 부적절한 기질로만 보지 마십시오. 그리고 겸손을 적절한 덕성으로만 보려고 하지도 마십시오. 교만은 죽음이며, 겸손은 생명이기 때문입니다. 또한 교만이 지옥의 전부이고, 겸손이 천국의 모든 것이기 때문입니다. 당신 안에 있는 교만만큼 당신 안에 타락한 천사들이 살아 있는 것입니다. 당신 안에 있는 참된 겸손만큼 당신 안에 하나님의 어린 양이 계신 것입니다.

당신을 휘젓는 교만이 영혼에 어떤 일을 하는지 보게 된다면 한쪽 손을 잃거나 한쪽 눈을 잃어버리는 한이 있더라도 당신 안에 있는 독사를 찢어버리기 위해 필요한 모든 방법을 애타게 찾게 될 것입니다. 겸손이 얼마나 달콤하게 사람을 변화시키는 하나님의 능력을 가지고 있는지, 어떻게 당신의 본성에 존재하는 독을 떨어내고 하나님의 영이 거하시는 자리를 만드는지를 보게 된다면 작은 겸손을 원할 바에야 차라리 세상의 발판이 되기를 바라게 될 것입니다."

– 「기도의 영」 (*Spirit of Prayer*), Pt.II, p. 73, Edition of Moreton, Canterbury, 1893.

02

겸손 : 구속의 신비

Andrew Murray

> "너희 안에 이 마음을 품으라 곧 그리스도 예수의 마음이니 그는 근본 하나님의 본체시나 하나님과 동등됨을 취할 것으로 여기지 아니하시고 오히려 자기를 비워 종의 형체를 가지사 사람들과 같이 되셨고 사람의 모양으로 나타나사 자기를 낮추시고 죽기까지 복종하셨으니 곧 십자가에 죽으심이라 이러므로 하나님이 그를 지극히 높여 모든 이름 위에 뛰어난 이름을 주사"(빌 2:5-9).

어떤 나무든 뿌리에 닿아 있지 않으면 자라날 수 없습니다. 나무는 씨앗 안에 존재하는 생명과 함께 해야만 살 수 있습니다. 이것을 첫째 아담과 둘째 아담에게 적용함으로 이해한다면 예수님 안에 있는 구속의 필요성과 본질을 이해하는 데 큰 도움이 될 것입니다.

교만으로 인해 하늘에서 쫓겨났고 마귀로서 가지고 있는 성품의 전부가 교만이었던 옛 뱀이 하와의 귀에 유혹의 말을 속삭였을 때 그 말들은 지옥의 독을 품고 전달되었습니다. 그리고 하와가 그 말을 듣고 하나님과 같이 되리라는 기대에 자신의 욕망과 의지를 굴복시켰을 때 지옥의 독은 그녀의 영혼과 피와 생명 속으로 들어갔습니다. 그 결과 영원한 행복이 되었을 복된 겸손과 하나님에 대한 의지함은 영원히 파괴되고 말았습니다. 하와의 생명과 그녀로부터 샘솟을 인류의 생명은 영원한 복락 대신 가장 끔찍한 죄와 저주인 사탄의 교만이라는 독으로 뿌리까지 타락해버렸습니다.

우리는 세상에서 온갖 종류의 비참함, 국가 간의 전쟁과 피흘림, 이기적인 성향과 고난, 야망과 질투, 깨어진 마음과 쓴 뿌리, 불행으로 가득한 일상을 보게 됩니다. 이들은 우리 자신의 것이든 다른 사람의 것이든 저주받은 지옥의 교만이 가져다 준 결과로 생겨난 것입니다.

구속이 필요한 이유는 교만 때문입니다. 무엇보다도 교만으로부터의 구속이 절실합니다. 따라서 구속의 필요성에 대한 우리의 통찰은 우리의 존재 속에 들어온 권세의 끔찍한 본질을 깨닫는 것에 의존합니다.

어떤 나무든 자신이 닿아 있는 뿌리를 떠나서는 자라날 수 없습니다. 사탄이 지옥에서 가져와서 인간의 삶에 던진 권세는 매일, 매시간, 온 세상에서 강력한 힘으로 역사하고 있습니다. 인간은 사탄의 권세로 인해 고난을 겪고 있습니다. 인간은 그것을 두려워하고 싸우다가도 피합니다.

하지만 그 권세가 어디에서 왔으며, 어떤 끔찍한 우월성을 가지고 있는지는 잘 알지 못합니다. 사탄의 권세를 어디에서, 어떻게 극복할 수 있는지를 인간이 알 수 없다는 것은 놀랄 일이 아닙니다. 교만은 끔찍한 영적 능력에 그 뿌리와 힘을 두고 있으며, 이는 우리의 내면뿐만이 아니라 외면에도 존재합니다. 우리는 교만을 자신의 것으로 고백하고 애통해할 뿐 아니라 그 기원이 사탄에게 있음을 알 필요가 있습니다.

이 사실은 교만을 정복하거나 몰아내는 것이 완전히 절망적이라고 생각하게 합니다. 그리고 곧 우리는 구원에 있어 유일한 초자연적 능력인 하나님의 어린 양의 구속에 다다릅니다. 우리 안에 있는 자아와 교만에 대항하는 절망적인 싸움은 그 모든 배후에 도사리고 있는 악의 권세를 생각할 때 더욱 희망이 없어 보입니다. 그러나 우리는 결국 우리에게 주어진 권능과 생명을 더 잘 깨닫고 받아들일 준비를 하게 됩니다. 즉, 사탄과 그의 교만을 몰아내기 위해 하나님의 어린 양이 우리의 마음에 가져다주신 하늘의 겸손을 말입니다.

어떤 나무든 자신이 닿아 있는 뿌리를 떠나서는 자랄 수 없습니다. 우리 안에 있는 죄의 위력을 알기 위해 첫째 아담과 그의 타락을 살펴볼 필요가 있는 것처럼, 우리 안에 겸손의 생명력을 주시는 둘째 아담과 그분의 권세에 대해 잘 알아야 합니다.

우리는 첫째 아담에게서 시작하여 그 안에 있었을 때보다 그리스도에게서 시작하여 그분과 연합하는 가운데 더욱 진정으로 생명력을 갖게 됩니다. 우리는 "그[그리스도] 안에 뿌리를 박으며"(골 2:7) "온 몸이 머리로 말미암아 마디와 힘줄로 공급함을 받고 연합하여 하나님이 자라게"(골 2:19) 하시는 가운데 걸어가야 합니다.

성육신을 통해 인간의 본성으로 들어간 하나님의 생명은 우리가 발 디디고 서서 자라는 뿌리입니다. 하나님의 권능이 그 가운데 역사했고, 나중에는 부활로 이어졌으며, 지금은 우리 안에서 날마다 역사하고 있습니다. 우리에게 필요한 한 가지는 우리의 생명 되신 예수 그리스도 안에서 계시되었고 우리의 온 존재를 취하고 다스리기 위해 우리의 동의를 기다리고 있는 그 생명을 연구해서 알아가고 신뢰하는 것입니다.

이와 같은 관점에서 볼 때 그리스도께서는 누구이시며 어떤 특성을 지니셨는지를 바로 아는 것은 매우 중요합니다. 특별히 예수님의 주된 특성, 즉 구속자로서 그분이 지니신 모든 성품의 뿌리와 본질이 무엇인지를 알아야 합니다. 여기에는 단 한 가지 대답만이 가능합니다. 그것은 곧 그리스도의 겸손입니다.

자신을 비우시고 인간이 되신 하늘의 겸손 외에 성육신을 어떻게 말할 수 있겠습니까? 종의 형체를 취하셨던 지상에서의 삶을 겸손 외에 어떻게 설명할 수 있겠습니까? 겸손 외에 그리스도의 속죄를 어떻게 말할 수 있겠습니까? 예수님은 자기를 낮추시고 죽기까지 복종하신 분이십니다. 아울러 보좌까지 높이 들리시고 영광으로 관을 쓰신 그리스도의 승천과 영광을 겸손 외에 무엇으로 이야기할 수 있겠습니까? 그리스도께서는 하나님이 지극히 높이신 분이십니다.

아버지와 함께하셨던 하늘에서도, 탄생 시에도, 지상에서의 삶에서도, 죽음에서도, 보좌에 앉으셔서도 그리스도께서는 오직 겸손이 전부이십니다. 예수님은 인간의 본성으로 구체화되신 하나님의 겸손입니다. 그분은 우리를 얻고 섬기고 구원하기 위해 스스로를 낮추시어 온유와 겸손함으로 옷 입으신 하나님의 영원한 사랑이십니다. 하나님의 사랑과 낮추심이 그리스도를 모든 사람에게 은혜와 도움을 베푸는 종으로 만들었습니다. 따라서 그리스도께서는 필연적으로 성육신하신 겸손이십니다. 그리고 그분은 겸손하고 온유하신 하나님의 어린 양이십니다.

겸손이 나무의 뿌리라면 그 본질이 모든 가지와 잎사귀와 열매에도 나타나야 합니다. 겸손이 예수님의 삶의 첫째가는 것으로 모든 것을 포괄하는 은혜이자 속죄의 비밀이라면 우리의 영적 삶의 건강과 힘은 가장 먼저 이 은혜에 들어가고, 또한 겸손을 그리스도 안에서 열망하고, 그분께 구하며, 다른 모든 것을 희생해서라도 얻어야 할 한 가지로 여기는 데 전적으로 달려 있다고 할 수 있습니다(주 참조).

그리스도인의 삶이 종종 연약하고 열매가 없는 이유는 그리스도의 삶의 뿌리를 소홀히 했거나 그에 대해 무지했기 때문이 아닐까요? 우리가 구원의 기쁨을 거의 느끼지 못하는 것은 그리스도께서 발견하고 지금 우리에게 주는 구원의 기쁨이 담겨 있는 겸손을 구하지 않기 때문이 아닐까요?

우리는 자아가 끝이 나고 죽음에 이를 때까지 겸손을 구해야 합니다. 예수님이 그러셨듯이 인간의 모든 명예를 포기하고 하나님께로부터 오는 명예를 얻을 때까지 겸손을 구해야 합니다. 스스로를 아무것도 아닌 것으로 만들고 그렇게 여기며, 하나님이 모든 것이 되시고 주님만이 높임을 받으실 때까지 겸손을 구해야 합니다. 그리스도 안에서 다른 어떤 기쁨보다도 겸손을 구하고, 겸손을 얻기 위해 어떤 대가든 받아들일 때 비로소 기독교가 세상을 정복하리라는 희망이 생길 것입니다.

저는 독자들에게 간절히 부탁하고 싶습니다. 만약 당신 안에서 혹은 당신의 주위에서 겸손이 결핍된 상태를 주목하지 못하고 있다면 하던 일을 중단하고 다음과 같이 질문하십시오. "주님의 이름으로 일컫는 사람들 가운데 온유하고 겸손하신 하나님의 어린 양의 마음이 얼마나 나타나 보입니까?"

사랑의 결핍, 다른 사람들의 필요와 감정과 연약함에 대한 무관심, 날카롭고도 성급한 판단과 언사 등이 솔직함과 정직함이라는 명분 아래 얼마나 자주 합리화되는지 생각해봐야 합니다. 쓴 뿌리와 소외감을 느끼는 모든 것들은 항상 자기 자신을 추구하는 교만에 뿌리를 두고 있습니다. 이러한 어두운 마귀의 교만은 성도의 모임도 예외를 두지 않으며 거의 모든 곳에 침

투해 들어갑니다. 성도들이 자신뿐 아니라 주위에, 이웃하는 성도들과 세상을 향해 예수님의 겸손으로 인도함을 받는다면 어떤 결과가 나타날까요?

아울러 우리는 자신의 안팎에서 온 마음으로 울부짖으며 예수님의 겸손을 밤낮 구하고 있는지 물어보아야 합니다. 우리는 자신이 그리스도의 삶의 형상과 그분의 구속의 특징 가운데 나타나는 겸손이 부족하다는 사실을 정직하게 직시해야 합니다. 그러면 우리는 그리스도와 그분의 구원이 무엇인지 아직 제대로 깨닫지 못한 것처럼 느끼게 될 것입니다.

성도들이여! 예수님의 겸손을 배우기를 바랍니다. 이것은 구속의 비밀이자 감춰진 뿌리입니다. 따라서 우리는 날마다 겸손으로 더욱 깊이 잠겨 들어가야 합니다. 하나님이 보내주신 그리스도께서 겸손을 통해 우리에게 역사하셨듯이 그분의 거룩한 겸손이 우리 안에 거하고 일하는 가운데 아버지께서 원하시는 형상으로 우리를 빚어나갈 것임을 믿으시기 바랍니다.

NOTE

"우리는 두 가지를 알 필요가 있습니다. 첫째, 우리의 구원이 전적으로 우리 자신, 혹은 자연 상태로서의 자신에게서 구원받는 데 놓여 있다는 것입니다. 둘째, 전체적인 본질에 있어서 그 어떤 것도 표현할 수 없는 하나님의 겸손을 제외하고는 아무것도 우리를 위한 구원이나 구원자가 될 수 없다는 것입니다.

따라서 구주께서 타락한 인간에게 주신 변할 수 없는 중요한 말씀은 자신을 부인하지 않고는 그분의 제자가 될 수 없다는 사실입니다. 자아는 타락한 본질을 가진 전적으로 악한 존재입니다. 자기 부인은 구원을 수용하는 행위이며 겸손은 우리를 구원으로 이끄는 태도입니다. 자아는 타락한 상태의 모든 악을 지닌 뿌리이자 가지이며, 나무입니다. 타락한 천사들의 모든 악은 교만에 그 근원을 두고 있습니다. 한편 천상의 삶의 모든 덕성들은 겸손의 덕성들입니다. 천국과 지옥 사이에 건널 수 없는 심해를 만드는 유일한 것이 겸손입니다.

그렇다면 영생을 위해 애쓰는 것은 무엇이며, 그 안에는 무엇이 놓여 있습니까? 영생을 위한 모든 노력은 교만과 겸손 사이의 충돌에 있습니다. 교만과 겸손은 인간을 영원히 소유하기 위해 싸우는 두 주인의 권세이자 두 왕국입니다.

지금까지는 한 가지 겸손만이 있었고 앞으로도 한 가지 겸손만이 있을 것입니다. 그것은 그리스도의 겸손입니다. 교만과 자아는 그리스도께서 전부가 되실 때까지 인간의 전부로 남아 있을 것입니다. 따라서 인간은 생명을 가져오는 그리스도의 초자연적인 겸손을 통해 아담으로부터 받은 자기우상화의 성향을 죽이기 위한 선한 싸움을 할 뿐입니다."

– W. Lad, *Address to the Clergy*, p. 52.

03

예수님의 삶에 나타난 겸손

Andrew Murray

"그러나 나는 섬기는 자로 너희 중에 있노라"(눅 22:27).

요한복음은 주님의 내적 삶에 대해 우리에게 말해 주고 있습니다. 예수님은 아버지와의 관계와 아버지의 인도함을 받는 동기들과 사역의 바탕이 되는 능력과 마음에 대한 인식을 자주 말씀하셨습니다. 비록 겸손이라는 단어가 나타나지는 않지만 성경 어디에서도 예수님의 겸손이 이처럼 명확하게 드러나는 곳은 없을 것입니다. 앞서 저는 겸손이라는 은혜가 사실상 하나님이 전부가 되시도록 하는 피조물의 단순한 동의일 뿐이며 겸손을 통해 스스로를 하나님의 역사에 전적으로 내어 맡길 수 있다는 사실을 언급했습니다.

우리는 천국에서의 하나님의 아들, 그리고 지상에서 인간으로서의 예수님이 하나님께 어떻게 전적인 복종을 하셨고, 또 어떻게 그분께 속해 있는 명예와 영광을 하나님께 돌리셨는지를 살펴볼 것입니다. 예수님은 자신이 그렇게 자주 가르치셨던 "자기를 낮추는 자는 높아지리라"(눅 14:11)는 가르침을 스스로에게 적용하셨습니다. 성경에 기록된 대로, "자기를 낮추시고 죽기까지 복종하셨으니 곧 십자가에 죽으심이라 이러므로 하나님이 그를 지극히 높여 모든 이름 위에 뛰어난 이름을" 주셨습니다.

우리는 아버지와의 관계에 대해서 주님이 하신 말씀을 들어 보아야 합니다. 예수님은 자신에 대해서는 시종일관 어떤 말씀도 하지 않으셨습니다. 예수님과의 관계를 말하는 데 있어서 바울이 "내가 아니라"(not I)고 표현한 것은 그리스도께서 자신과 아버지의 관계를 말하실 때 나타난 그 마음입니다.

"아들이…아무 것도 스스로 할 수 없나니"(요 5:19).
"내가 아무 것도 스스로 할 수 없노라 듣는 대로 심판하노니 나는 나의 뜻대로 하려 하지 않고 나를 보내신 이의 뜻대로 하려 하므로 내 심판은 의로우니라"(요 5:30).

"나는 사람에게서 영광을 취하지 아니하노라"(요 5:41).

"내 뜻을 행하려 함이 아니요"(요 6:38).

"내 교훈은 내 것이 아니요"(요 7:16).

"내가 스스로 온 것이 아니니라"(요 7:28).

"내가 스스로 아무것도 하지 아니하고"(요 8:28).

"나는 스스로 온 것이 아니요 아버지께서 나를 보내신 것이니라"(요 8:42).

"나는 내 영광을 구하지 아니하나"(요 8:50).

"내가 너희에게 이르는 말은 스스로 하는 것이 아니라"(요 14:10).

"너희가 듣는 말은 내 말이 아니요"(요 14:24).

이 말씀들은 그리스도의 삶과 사역의 가장 깊은 뿌리를 우리에게 보여줍니다. 전능하신 하나님이 그리스도를 통해 위대한 구속 사역을 어떻게 이루어 가실 수 있었는지를 말해 줍니다. 또한 이 말씀들은 그리스도께서 하나님의 아들로서 무엇을 합당한 마음의 상태로 여기셨는지를 보여줍니다. 그리고 그리스도께서 성취하셨고 지금 전하시는 구속의 가장 중요한 본질과 생명이 무엇인지를 가르쳐줍니다.

이는 곧 하나님이 전부가 되시도록 하기 위해 그리스도께서는 아무것도 주장하지 않으셨다는 것입니다. 그분은 아버지께서 자신 안에서 일하시도록 하기 위해 전적으로 아버지의 뜻과 권세로 자신을 포기하셨습니다. 자신의 권능과, 자신의 뜻과, 자신의 영광과, 자신의 사역과 가르침을 포함한 모든 사명에 대해 예수님은 "내가 아니라"(not I)고 말씀하셨습니다. 나는 아무것도 아니며 일하시는 아버지께 나 자신을 드렸으며, 나는 아무것도 아니고 아버지가 전부이시라고 말씀하셨습니다.

그리스도께서는 완전한 자기 포기, 아버지의 뜻에 대한 완전한 복종과 의존의 삶이 완전한 평강과 기쁨의 삶이라는 것을 발견하셨습니다. 그분은 아버지께 모든 것을 드림으로써 하나도 잃지 않으셨습니다. 하나님은 그리스도의 신뢰를 영화롭게 하셨고, 그리스도를 위해 모든 일을 행하셨으며, 영광 가운데 그리스도를 그분의 우편으로 높이셨습니다.

그리스도께서는 하나님 앞에 자신을 낮추셨고, 하나님이 영원히 그리스도 앞에 계셨기 때문에 사람들 앞에서도 자신을 낮추시어 모든 이들의 종이 되실 수 있었습니다. 그리스도의 겸손은 주위의 사람들이 그분께 뭐라고 말하든, 어떻게 행하든 상관없이 스스로 하나님께 복종하여 아버지께서 원하시는 것을 행하신 것이었습니다.

그리스도의 구속이 덕과 효력을 가지는 이유는 이런 마음의 상태와 정신, 그리고 성향 때문입니다. 이런 성향으로 자신을 가져감으로써 그리스도께 참여하는 것이 구주께서 우리에게 원하시는 진정한 자기부인입니다. 아울러 우리는 우리 속에 선한 것이 전혀 없다는, 하나님이 채우셔야 하는 텅 빈 그릇에 불과하며 어떤 것이 되거나 어떤 일을 하겠다는 주장은 잠시도 허락될 수 없다는 것을 인정하게 됩니다. 예수님을 닮는 것은 무엇보다 우리의 존재와 행함은 아무것도 아니며 하나님이 전부가 되시도록 하는 데 있습니다.

여기에 진정한 겸손의 뿌리와 본질이 있습니다. 우리의 겸손이 그토록 피상적이고 약한 이유는 겸손의 뿌리와 본질을 이해하거나 구하지 않기 때문입니다. 우리는 그리스도의 마음이 얼마나 온유하고 겸손한지 그분으로부터 배워야 합니다. 그리스도께서는 우리에게 진정한 겸손이 어디에서 나타나고, 그 힘이 어디에 있는가를 가르쳐주십니다. 그것은 곧 만물 안에서 모든 것을 행하시는 분이 하나님이시고, 우리의 존재와 행함은 아무것도 아니라는 사실에 동의하면서 완전한 포기와 의존으로 하나님께 복종하는 것이 합당한 자세임을 아는 데 있습니다. 이것이 그리스도께서 오시어 나타내시고자 하신 생명입니다. 이는 죄와 자신에 대한 죽음을 통해 하나님께로 향하는 생명입니다.

이런 삶이 너무 수준이 높아서 도저히 이를 수 없다고 느껴진다면 그리스도 안에서 더욱더 구해야 합니다. 우리 안에서 온유하고 겸손한 삶을 사시는 분은 내주하시는 그리스도이십니다. 우리가 이를 갈망한다면 무엇보다 먼저 만물 안에서 모든 일을 매 순간 행하시는 하나님의 본질에 대해 거룩하고 신비로운 지식을 구해야 합니다.

이 지식은 모든 자연과 피조물과 하나님의 자녀들이 살아 계신 하나님의 풍성한 지혜와 능력과 선하심을 나타내시는 그릇이자 통로일 뿐이라는 신비입니다. 모든 덕과 은혜, 믿음과 합당한 예배의 뿌리는 주님이 주신 것일 뿐 우리가 받은 것은 아무것도 없다는 사실을 깨닫고 하나님을 가장 깊은 겸손 가운데 의지하면서 그분 앞에 엎드리는 것입니다.

예수님이 하나님과의 관계만큼이나 인간과의 관계에서도 겸손하셨던 이유는 이러한 겸손이 하나님을 생각할 때만 깨어나고 실천되는 일시적인 감정이 아니라 삶 가운데 함께 하는 정신이었기 때문입니다. 자연히 예수님은 스스로를 하나님이 창조하시고 사랑하신 인간들을 위한 하나님의 종으로 느끼셨을 뿐 아니라 하나님이 사랑의 사역을 행하실 인간의 종으로 생각하셨습니다.

예수님은 단 한순간도 자신의 영광을 구하거나 자신을 변호할 생각을 하지 않으셨습니다. 그리스도의 모든 정신은 하나님이 자신 안에서 일하시도록 복종하는 삶에서 나왔습니다. 그리스도인은 예수님의 겸손을 연구해야 합니다. 그것은 구속의 본질이고, 하나님의 아들의 삶의 축복 그 자체이자 아버지와의 유일하고 참된 관계입니다.

우리가 하나님의 사역에 참예하려고 할 때 예수님이 우리에게 반드시 허락해 주시는 것이 있는데, 그것은 겸손입니다. 겸손을 배우고 나면 우리는 명백하게 나타나야 할 하늘의 실제적 겸손이 부족한 상태가 짐이자 슬픔이 된다는 것을 깨닫게 됩니다. 그래서 우리 안에 있는 그리스도의 여러 표지 중 최우선이자 주된 표적인 겸손을 얻기 위해 일상적인 신앙생활을 제쳐두게 됩니다.

당신은 겸손으로 옷 입고 있습니까? 일상생활에서 겸손이 나타나고 있는지 질문해 보십시오. 예수님께 여쭤보십시오. 친구에게 물어보십시오. 지금껏 거의 알지 못했던 하늘의 겸손이 예수 안에서 당신에게 드러났고, 이로 인해 지금까지 맛보지 못했던 하늘의 축복이 당신에게 임한 것으로 인해 하나님께 찬양 드리기 바랍니다.

04

예수님의 가르침이 보여준 겸손

Andrew Murray

"나는 마음이 온유하고 겸손하니 나의 멍에를 메고 내게 배우라"(마 11:29).

"너희 중에 누구든지 으뜸이 되고자 하는 자는 너희의 종이 되어야 하리라 인자가 온 것은 섬김을 받으려 함이 아니라 도리어 섬기려 하고 자기 목숨을 많은 사람의 대속물로 주려 함이니라"(마 20:27-28).

우리는 지금까지 자신의 마음을 우리에게 열어놓으신 그리스도의 삶에 나타난 겸손을 살펴보았습니다. 이제는 그리스도의 가르침에 귀를 기울일 차례입니다. 우리는 그분의 가르침을 통해 예수님이 겸손에 대해 어떻게 말씀하시는지, 사람에게서, 특히 제자들에게서 겸손을 얼마만큼 기대하시는지 듣게 될 것입니다.

그리스도께서 겸손을 얼마나 자주, 얼마나 열심히 가르치셨는지에 대한 충분한 이해를 얻기 위해서는 인용하는 것 외에는

4. 예수님의 가르침이 보여준 겸손

다른 방법이 없는 성경 본문들을 조심스럽게 살펴보아야 합니다. 그러면 그리스도께서 우리에게 원하시는 것이 무엇인지를 깨닫는 데 도움이 될 것입니다.

가장 먼저, 그리스도의 사역의 시작을 살펴보겠습니다. 산상수훈이 시작되는 팔복에서 주님은 이렇게 말씀하셨습니다.

> "심령이 가난한 자는 복이 있나니 천국이 그들의 것임이요…
> 온유한 자는 복이 있나니 그들이 땅을 기업으로 받을 것임이요"
> (마 5:3,5).

천국을 선포하는 말씀의 앞 단어들(심령이 가난한 자, 온유한 자 등)은 유일하게 열려 있어 우리가 들어갈 수 있는 문을 계시해 줍니다. 자신 안에 아무것도 없는 가난한 자들에게 천국이 임합니다. 자신에게서 아무것도 구하지 않는 온유한 자들의 경우 땅이 그들의 것이 될 것입니다. 하늘과 땅의 복은 겸손한 자를 위한 것입니다. 하늘과 땅의 삶에서 겸손은 축복의 비밀이 됩니다.

둘째, 마태복음 11장에서 예수님은 자신을 선생으로 말씀하셨습니다. 예수님은 선생이신 자신을 발견하게 하고 자신으로부터 배우고 얻게 하는 정신이 무엇인지에 대해 말씀하셨습니다.

"나는 마음이 온유하고 겸손하니 나의 멍에를 메고 내게 배우라 그리하면 너희 마음이 쉼을 얻으리니"(마 11:29).

온유와 겸손은 주님이 우리에게 주시는 것으로, 우리는 그 안에서 영혼의 온전한 쉼을 발견할 수 있습니다. 겸손은 우리의 구원이 됩니다.

셋째, 제자들은 "천국에서 누가 크냐?"는 문제를 가지고 언쟁을 벌였고 이에 대해 주님께 여쭈어보기로 했습니다(눅 9:46; 마 18:3 참조). 그때 예수님은 그들 가운데 어린아이 하나를 세우시고 말씀하셨습니다.

"누구든지 이 어린 아이와 같이 자기를 낮추는 사람이 천국에서 큰 자니라"(마 18:4).

"천국에서 누가 가장 큰 자인가?"라는 질문은 포괄적인 질문입니다. 천국의 주된 특징은 무엇일까요? 이에 대한 대답은 예수님만이 주실 수 있습니다. 천국의 첫째가는 영광, 진정한 천국의 사고방식, 그리고 가장 큰 은혜는 바로 겸손입니다.

"너희 모든 사람 중에 가장 작은 그가 큰 자니라"(눅 9:48).

넷째, 세베대의 아들들은 천국에서 가장 높은 자리인 예수님의 좌우편에 앉기를 구했습니다. 그러자 예수님은 "내 좌우편에 앉는 것은 내가 줄 것이 아니라 누구를 위하여 준비되었든지 그들이 얻을 것이니라"(막 10:40)고 말씀하셨습니다. 그들은 그 자리를 찾거나 구하지 말아야 했습니다. 그들의 생각은 굴욕의 잔과 세례에 대한 것이어야 했습니다. 예수님은 다음과 같은 말씀을 더하셨습니다.

"너희 중에 누구든지 으뜸이 되고자 하는 자는 너희의 종이 되어야 하리라 인자가 온 것은 섬김을 받으려 함이 아니라 도리어 섬기려 하고 자기 목숨을 많은 사람의 대속물로 주려 함이니라"(마 20:27-28).

하늘에 속한 그리스도의 표지인 겸손은 하늘에서 영광의 기준이 될 것입니다. 가장 낮은 자가 하나님께 가장 가까이 있는 자입니다. 교회에서 가장 중요한 자리는 가장 겸손한 자에게 약속되어 있습니다.

다섯째, 예수님은 무리와 제자들에게 상석에 앉기를 좋아하는 이들에 대해 다시 한 번 다음과 같이 말씀하셨습니다.

"너희 중에 큰 자는 너희를 섬기는 자가 되어야 하리라"(마 23:11).

겸손은 하나님 나라의 영광으로 올라가는 유일한 사다리입니다.

여섯째, 어느 날 예수님은 바리새인의 집에서 혼인 잔치에

청함을 받은 손님에 대한 비유를 이야기하시고는(눅 14:1-11 참조) 다음과 같이 말씀하셨습니다.

"무릇 자기를 높이는 자는 낮아지고 자기를 낮추는 자는 높아지리라"(눅 14:11).

이와 같은 요구는 변경될 수 없습니다. 다른 길이 없습니다. 자신을 낮추는 자만이 높아질 것입니다.

일곱째, 바리새인과 세리의 비유를 말씀하신 후에 예수님은 또다시 이렇게 말씀하셨습니다.

"무릇 자기를 높이는 자는 낮아지고 자기를 낮추는 자는 높아지리라"(눅 18:14).

성전에서 하나님을 예배할 때나 그분의 임재 가운데 거할 때 하나님과 사람을 향한 깊고 진정한 겸손이 충만하지 않으면 그 무엇도 가치가 없습니다.

여덟째, 제자들의 발을 씻기신 후 예수님은 이렇게 말씀하셨습니다.

"내가 주와 또는 선생이 되어 너희 발을 씻었으니 너희도 서로 발을 씻어 주는 것이 옳으니라"(요 13:14).

명령과 모범의 권위, 순종 혹은 닮음에 담긴 모든 사상은 겸손을 제자도 가운데 첫째가는 필수 요소로 만들어줍니다.

아홉째, 최후의 만찬에서 제자들은 누가 가장 큰지를 놓고 여전히 다투었습니다(눅 22:26 참조). 그들에게 예수님은 이렇게 말씀하셨습니다.

"너희 중에 큰 자는 젊은 자와 같고 다스리는 자는 섬기는 자와 같을지니라…그러나 나는 섬기는 자로 너희 중에 있노라"
(눅 22:26-27).

예수님이 걸어가셨고 우리에게 열어 놓으신 그 길과 우리를 구원하셔서 이끌어 가시는 능력과 정신은 우리를 모든 사람의 종으로 만드는 겸손입니다.

겸손에 대한 설교는 매우 적습니다. 이를 실천하는 일도 매우 드뭅니다. 겸손이 부족하다는 것을 느끼고 고백하는 일도 매우 희귀합니다. 예수님의 겸손을 조금이라도 닮은 사람이 드물다는 것은 굳이 말할 필요도 없습니다. 심지어 겸손을 계속적으로 바라고 기도해야 하는 분명한 대상으로 생각하는 사람조차 거의 없습니다. 세상에서는 겸손을 거의 찾아볼 수 없고 교회의 핵심 인물 중에서도 겸손을 찾아보기가 힘듭니다.

"너희 중에 누구든지 으뜸이 되고자 하는 자는 너희의 종이 되어야 하리라"(마 20:27).

예수님이 가르치신 말씀의 의미를 믿게 하시려고 하나님은 우리에게 이 말씀을 허락하셨습니다. 우리는 충성스런 종, 혹은 노예의 특징이 어떠한지를 잘 알고 있습니다. 여기에는 주인의 관심사에 대해 헌신하고, 주인을 기쁘게 하기를 원하고 이를 위해 사려 깊게 연구하는 것과, 주인의 번영과 영광과 행복을 기뻐하는 것이 포함됩니다.

이 땅에는 이러한 종의 특징을 지니고 있으며 종의 이름을 영광스럽게 생각하는 하나님의 사람들이 있습니다. 그러나 얼마나 많은 사람이 자신을 하나님께 종으로, 노예로 내어드릴 수 있다는 사실을 깨닫고, 그분을 섬기는 것이 죄와 자신으로부터의 자유이자 지상 최고의 자유라는 사실을 발견하여 그리스도인의 삶의 새로운 기쁨을 누리고 있는지 모르겠습니다.

우리는 예수님이 가르치신 또 다른 내용을 배울 필요가 있습니다. 그것은 곧 예수님이 우리를 다른 사람의 종이 되라고 부르신다는 것입니다. 우리가 마음으로 그 부르심을 받아들일 때 이런 섬김은 축복이 될 뿐 아니라 죄와 자신으로부터의 자유를 새롭고 충만하게 누리게 합니다.

이런 섬김이 처음에는 어려울 수 있는데 이는 여전히 자신을 중요한 존재로 보는 교만 때문입니다. 하나님 앞에서 아무것도 아닌 자가 되는 것이 피조물의 영광이자 예수님의 정신이며 하늘의 기쁨이라는 것을 배우면 우리를 괴롭히려는 사람들을 섬길 때 겪게 되는 단련조차 온 마음으로 환영하게 될 것입니다.

우리 마음이 이와 같은 참된 성화에 맞춰질 때 우리는 새로운 열정을 가지고 자기를 낮추는 것에 대한 예수님의 말씀을 배우게 될 것입니다. 아울러 "나는 섬기는 자로 너희 중에 있노라"(눅 22:27)고 말씀하신 예수님과 교제하고 그것을 증명만 할 수 있다면 아무리 낮은 자리일지라도 낮게 여기지 않고, 아무리 깊은 곳이라 할지라도 몸을 굽히게 되고, 어떤 섬김이든 천하거나 오랫동안 지속되는 것으로 생각하지 않게 될 것입니다.

바로 여기에 더 높은 삶으로 이어지는 길이 있습니다. 그것은 낮아지고 더 낮아지는 것입니다. 이것이 예수님이 천국에서 크고자 하고 주님의 좌우편에 앉고자 했던 제자들에게 늘 말씀하셨던 내용입니다. 우리는 높아지는 것을 추구하지도, 원하지도 말아야 합니다. 그것은 하나님이 하실 사역입니다. 우리는 스스로를 낮추고, 겸손하게 하고, 하나님이나 사람 앞에서 종의 자리 외에는 어디에도 있지 않도록 주의해야 합니다. 그것이 우리의 사역입니다. 그것이 우리의 삶의 목적과 기도가 되도록 해야 합니다.

하나님은 신실하십니다. 물이 가장 낮은 곳을 찾아 그곳을 채우듯이 하나님은 자신을 낮추고 비운 사람을 발견하시는 순간 그분의 영광과 능력을 흘려보내시어 그를 높이고 복되게 하십니다. 자신을 낮추는 사람은(이는 우리의 관심사가 되어야 합니다) 높아질 것입니다. 높이는 것은 하나님의 관심사입니다. 크신 능력과 위대한 사랑으로 하나님은 그 일을 행하실 것입니다.

사람들은 때로 겸손과 온유함이 존엄성과 담대함과 남자다움을 앗아가는 듯 이야기합니다. 그러나 겸손과 온유는 천국의 숭고함이며 하늘의 왕이 드러내시는 거룩한 정신이라는 사실을 믿으시기 바랍니다. 자신을 겸손하게 낮추고 스스로 모든 사람의 종이 되는 것이 하나님의 성품에 다가가는 것입니다. 이것이 우리 안에 늘 계신 그리스도의 임재와 우리 위에 머무시는 주님의 능력이 주는 기쁨과 영광으로 이르는 길입니다.

온유하고 겸손하신 예수님은 하나님께로 이르는 길을 배우도록 우리를 부르십니다. 자신에게 있어야 할 한 가지가 겸손이라는 생각으로 충만해질 때까지 읽은 말씀을 연구해야 합니다. 그리고 주님이 우리에게 보여주신 것을 베푸신다는 것과 그분 자신을 우리에게 베푸신다는 것을 믿어야 합니다. 그러면 온유하고 겸손하신 주님이 갈구하는 우리 심령 안에 오셔서 거하실 것입니다.

05

예수님의 제자들 가운데 나타난 겸손

Andrew Murray

"너희 중에 큰 자는 젊은 자와 같고 다스리는 자는 섬기는 자와 같을지니라"(눅 22:26).

지금까지 우리는 그리스도의 인격과 가르침 속에 나타난 겸손을 살펴보았습니다. 이제는 그리스도께서 택하신 동료들인 열두 제자들 가운데 나타난 겸손에 대해 알아보도록 하겠습니다. 제자들 가운데 겸손이 부족하다는 것을 발견하고, 인간과 그리스도 사이의 차이가 명확하게 전달된다면 오순절 사건이 그들에게 가져다준 위대한 변화를 이해할 수 있습니다. 또한, 사탄이 인간에게 불어넣은 교만에 대해 완전한 승리를 거둔 그리스도의 온전한 겸손에 실제적으로 참여할 수 있는 방법을 보여주는 데 도움이 될 것입니다.

이미 우리는 예수님의 가르침에서 인용한 여러 내용을 통해 제자들에게 겸손의 은혜가 전적으로 부족하다는 것을 살펴보았습니다. 한 번은 그들 중에 누가 가장 크냐는 문제로 다툼이 있었고, 다른 한 번은 세베대의 아들들이 어머니와 함께 가장 높은 자리, 주님의 좌우편 자리를 요구하기도 했습니다. 나중에 최후의 만찬이 있던 날 밤에도 누가 가장 큰 자인가에 대한 격론이 있었습니다.

이는 그들이 주님 앞에서 실제로 자신을 낮추지 않았기 때문에 일어난 것이 아닙니다. "주여 나를 떠나소서 나는 죄인이로소이다"(눅 5:8)라고 소리치며 자신을 낮춘 사람이 바로 베드로였습니다. 폭풍을 잠잠케 하신 주님 앞에 엎드려 경배했던 제자들도 그렇게 자신을 낮춘 적이 있었습니다.

그러나 그렇게 이따금씩 표현된 겸손은 그들의 습관적인 마음 상태가 어떠했는지를 더욱 강하게 드러내 줄 뿐입니다. 자아가 드러나고 힘을 갖게 되는 순간 자연스럽고도 자발적인 방식으로 그런 마음의 상태가 드러납니다.

이 모든 것의 의미를 연구해보면 중요한 몇 가지 교훈들을 배우게 됩니다.

첫째, 겸손이 여전히 애통할 만큼 부족한 상태에서도 진지하고 활발한 신앙의 모습이 가능하다는 것입니다. 제자들에게서 이런 경향을 찾아볼 수 있습니다. 그들은 예수님에 대한 열렬한 애정이 있었습니다. 그들은 예수님을 위하여 모든 것을 버렸습니다. 아버지께서는 그런 그들에게 예수님이 그리스도이심을 계시하셨습니다. 제자들은 예수님을 믿었고, 사랑했고, 그분의 명령에 순종했습니다. 그들은 예수님을 따르기 위해 모든 것을 버렸습니다. 다른 사람들이 예수님을 떠났을 때도 그들은 예수님께 매달렸습니다. 그들은 예수님과 죽을 준비가 되어 있었습니다.

그러나 이 모든 것보다 더 깊은 곳에 제자들이 거의 인식하지 못한 존재의 어두운 힘이 자리 잡고 있었습니다. 이 어두운 힘이 죽고 쫓겨나야 그들은 구원을 주시는 예수님의 능력을 증거하는 사람들이 될 수 있었습니다.

지금도 그렇습니다. 성령의 여러 은사가 풍부하게 드러나고 사람들에게 복음의 통로가 되는 교수들과 사역자들, 복음전도자들과 목회자들, 선교사들과 교사들이 있습니다. 그러나 그들에게 시험이 닥치거나 더욱 가까운 관계를 맺어 그들을 잘 알게 되었을 때 내주하는 성품으로서 겸손의 은혜를 거의 찾아볼 수 없는 게 고통스런 현실입니다.

이 모든 사실을 통해 겸손이 중요하고도 가장 고귀한 은혜 가운데 하나라는 교훈을 확증하게 되는 것 같습니다. 겸손은 도달하기 가장 어려운 것 가운데 하나로서 우리의 노력이 우선적으로 지향해야 할 대상입니다. 겸손은 성령의 충만함을 통해 내주하시는 그리스도께 참여하게 하고, 예수님이 우리 안에 거하실 때 비로소 능력으로 다가옵니다.

둘째, 교만을 정복하거나 온유하고 겸손한 마음을 갖게 하는 데 있어서 외적인 모든 가르침과 개인적인 노력이 얼마나 무기력한가 하는 것입니다. 3년 동안 제자들은 예수님의 학교에서 훈련을 받았습니다. 예수님은 그들에게 중요한 가르침을 베푸셨습니다.

"나는 마음이 온유하고 겸손하니 나의 멍에를 메고 내게 배우라"(마 11:29).

예수님은 거듭해서 제자들에게, 바리새인들에게, 무리들에게 하나님의 영광에 이르는 유일한 통로로써 겸손에 대해 말씀하셨습니다. 예수님은 하나님의 어린 양으로서 하나님의 겸손으로 제자들 앞에서 사셨을 뿐 아니라 마음속 가장 깊은 곳의 비밀을 여러 번 드러내 보이셨습니다.

"인자가 온 것은 섬김을 받으려 함이 아니라 도리어 섬기려 하고"(막 10:45).
"나는 섬기는 자로 너희 중에 있노라"(눅 22:27).

예수님은 제자들의 발을 씻기셨고 자신의 모범을 따르라고 그들에게 말씀하셨습니다. 그러나 이 모든 가르침은 거의 도움이 되지 않았습니다. 최후의 만찬 중에도 제자들은 누가 가장 크냐는 문제로 여전히 다투었습니다. 그들은 의심할 여지없이 예수님의 교훈을 배우고자 노력했고 그분을 다시는 근심케 하지 않으려고 굳게 결심했습니다. 하지만 모든 것이 허사였습니다.

이 사실은 제자들과 우리에게 절실하게 필요한 교훈을 가르쳐줍니다. 그것은 어떤 외적인 가르침이 설혹 예수님의 가르침이라 할지라도, 아무리 설득력 있는 논증이라 할지라도, 겸손의 아름다움에 대한 이해가 아무리 깊다 할지라도, 개인적인 결단이나 노력이 아무리 신실하고 진지하다 할지라도 교만이라는 마귀를 내쫓을 수는 없다는 사실입니다. 사탄은 내쫓을 때 사탄은 더 강력하고 숨겨진 힘을 가지고 우리 삶에 들어옵니다. 하나님의 겸손 안에 존재하는 새로운 성품이 권능으로 나타나 옛 성품을 대체하고 늘 우리 안에 있었던 성품인 양 자리 잡게 되는 것 외에는 다른 어떤 것도 소용이 없습니다.

셋째, 우리가 진정으로 겸손해지는 것은 하나님의 겸손으로 오신 그리스도께서 내주하심으로만 가능하다는 것입니다. 우리 안에는 아담으로부터 온 교만이 자리하고 있습니다. 따라서 다른 존재, 즉 그리스도로부터 온 겸손이 우리 안에 자리 잡아야만 합니다. 교만은 우리에게 속한 것이고, 우리 자신이자 우리의 본성 그 자체이기 때문에 끔찍한 권세를 가지고 우리 안에서 통치하고 있습니다.

마찬가지 방식으로 겸손이 우리에게 속한 것이 되어야 하고, 우리 자신이자 우리의 본성 그 자체가 되어야 합니다. 교만하기가 자연스럽고 쉬웠던 것처럼 겸손하기가 자연스럽고 쉬워야 합니다. "죄가 더한 곳에 은혜가 더욱 넘쳤나니"(롬 5:20)라는 약속은 바로 우리 마음에도 해당되는 것입니다.

제자들을 향한 그리스도의 모든 가르침과 제자들의 모든 헛된 노력은 하나님의 권능으로 그들 속에 들어가시어 그들에게 갈망하라고 가르치셨던 겸손을 친히 주시고 그 안에서 겸손이 되시기 위해 필요한 준비 과정이었습니다.

예수님은 죽음으로 마귀의 권세를 무너뜨리셨고, 죄를 없애셨으며, 영원한 구속을 가져오셨습니다. 부활을 통해 그분은 아버지께로부터 전적으로 새로운 생명, 하나님의 능력 안에 있는 인간의 생명을 부여받으셨습니다. 이는 인간에게 전해져 하나님의 권능으로 그들의 삶에 들어가 새로움과 충만함을 더해 줄 수 있는 생명이었습니다. 승천하실 때 예수님은 아버지의 영을 받으셨고, 그 영을 통하여 지상에서는 할 수 없었던 일을 하시고 사랑하는 자들과 하나가 되시어 그들을 위해 그들의 삶을 사실 수 있게 되었습니다. 사람들이 주님과 같이 겸손으로 아버지 앞에 살 수 있게 된 것은 예수님이 그들 안에 사시고 호흡하시기 때문입니다.

오순절에 예수님이 오시어 사람들을 소유하셨습니다. 준비와 확신의 사역과 예수님의 가르침이 가져온 소망과 소원은 오순절에 일어난 위대한 변화를 통해 완전케 되었습니다. 야고보와 베드로와 요한의 삶과 그들의 서신은 모든 것이 변화되었고, 온유하고 고난 받으신 예수님의 영이 실제로 그들을 소유하고 계심을 증거하고 있습니다.

이 일들에 대해 무슨 말을 하겠습니까? 독자들 중에는 여러 부류가 있을 것입니다. 이 문제에 대해 특별히 생각해 본 적이 없고 교회와 그 지체들에 대한 인생 문제로서 그 중요성을 단번에 깨닫지 못하는 사람들이 있을 수 있습니다. 또 어떤 사람들은 자신들의 부족함에 대해 정죄당하는 느낌이 들어서 아주 진지하게 노력해 보지만 실패로 끝나 낙담하기도 합니다. 또 다른 사람들의 경우 영적인 축복과 능력을 기쁘게 전하지만 주위 사람들이 여전히 부족하게 보는 것에 대한 자각이 없습니다. 또는 구원과 승리를 주신 은혜에 대해 증거하는 사람들이 있을 수 있지만 주님은 그들도 여전히 예수님의 충만함을 필요로 하고 기대해야 함을 가르치십니다.

어떤 부류에 속하든 저는 그리스도를 믿는 믿음 안에서 겸손이 차지하는 독특한 자리에 대해 더 깊은 확신을 가져야 한다고 말하고 싶습니다. 그리고 그리스도의 겸손이 주님의 첫째가는 영광이자 우선되는 명령이며 가장 고귀한 복으로 여겨지지 않는 한, 교회나 성도들은 그리스도께서 원하시는 존재가 되는 것이 전적으로 불가능하다는 것을 강조하고 싶습니다.

이와 같은 은혜가 심하게 부족했던 제자들이 이후에 얼마만큼이나 진보되었는가를 생각해 보고 다른 은사들로 인해 만족감에 빠진 나머지 겸손의 부재가 하나님의 능력의 역사를 방해하는 숨겨진 원인이라는 사실을 이해하지 못하는 일이 없도록 하나님께 기도해야 할 것입니다. 우리가 스스로 아무것도 할 수 없다는 사실을 진정으로 깨닫고 나타낼 때만 하나님은 모든 일을 행하십니다.

교회가 아름다움으로 옷 입고 성도들 가운데 거룩이라는 아름다운 겸손을 볼 수 있는 때는 내주하시는 그리스도의 진리가 성도들의 경험 속에 합당한 자리를 차지하고 있을 때뿐입니다.

06
일상생활 속의 겸손

Andrew Murray

"누구든지 하나님을 사랑하노라 하고 그 형제를 미워하면 이는 거짓말하는 자니 보는 바 그 형제를 사랑하지 아니하는 자는 보지 못하는 바 하나님을 사랑할 수 없느니라"(요일 4:20).

하나님에 대한 우리의 사랑은 일상생활 속에서 이루어지는 대인관계와 그 관계가 드러내는 사랑으로 가늠됩니다. 이는 엄숙한 사실입니다. 이웃과의 일상적인 삶에서 주어지는 시험을 견디는 가운데 그 진실성이 입증되지 않는다면 하나님에 대한 우리의 사랑은 기만으로 드러날 수밖에 없습니다.

이런 사실은 우리가 소유한 겸손에도 동일하게 적용됩니다. 우리는 하나님 앞에서 스스로를 낮추고 있다고 생각하기 쉽습니다. 하지만 다른 사람들을 향한 겸손은 하나님 앞에서 우리가 실제로 겸손하다는 것을 보여주는 충분하고도 유일한 증거가 됩니다. 이런 겸손만이 본성으로 우리 안에 자리 잡고 있으며 그리스도와 같이 실제로 자신을 드러내지 않는 진정한 겸손의 증거가 됩니다. 하나님의 임재 가운데 소유한 마음의 겸손이 하나님께 기도할 때만 취하는 자세가 아니라 우리 삶의 정신 그 자체가 될 때 그 겸손은 형제를 대하는 모든 관계에서 드러날 것입니다.

이 가르침은 매우 중요합니다. 우리 안에 존재하는 유일한 겸손은 기도로 하나님께 보이려는 것이 아닌 일상생활에서 이루어지는 행동 가운데 나타나고 실행되는 것입니다. 일상생활의 사소함이 영원한 중요성을 가지는 하나의 시험대가 되는 이유는 이것이 우리를 지배하는 정신이 실제로 무엇인지를 증명해 주기 때문입니다. 우리가 어떤 존재인지를 실제로 보여주고, 또한 볼 수 있는 때는 우리가 가장 무방비 상태로 있을 때입니다. 겸손한 사람을 알고자 하고, 그가 어떤 식으로 행하는지를 알기 위해서는 평범한 일상생활 속에서 그의 삶의 궤적을 따라가 보면 됩니다.

예수님이 가르치신 내용이 이를 뒷받침해 줍니다. 예수님이 겸손에 대한 교훈을 가르치신 때는 제자들이 누가 가장 크냐는 문제로 다투었을 때와 바리새인들이 잔치의 높은 자리와 회당의 높은 자리에 앉기를 얼마나 좋아하는지를 보셨을 때, 그리고 발을 씻기는 본보기를 제자들에게 보여주셨을 때입니다. 하나님 앞에서의 겸손은 사람들 앞에서의 겸손으로 증명되지 않으면 아무것도 아닙니다.

바울의 가르침에도 동일한 교훈이 나타납니다. 그는 로마 교인들에게 "존경하기를 서로 먼저 하며"(롬 12:10), "높은 데 마음을 두지 말고 도리어 낮은 데 처하며 스스로 지혜 있는 체 하지 말라"(롬 12:16)고 말했습니다.

고린도 교인들에게는 "사랑은 자랑하지 아니하며 교만하지 아니하며…자기의 유익을 구하지 아니하며 성내지 아니하며"(고전 13:4-5)라고 말했습니다. 겸손에 뿌리내리지 않은 사랑은 존재하지 않습니다.

갈라디아 교인들에게는 "오직 사랑으로 서로 종 노릇 하라"(갈 5:13), "헛된 영광을 구하여 서로 노엽게 하거나 서로 투기하지 말지니라"(갈 5:26)고 말했습니다.

에베소 교인들에게는 천국의 삶을 말하는 내용을 앞서 세 장에 걸쳐 놀랍게 이야기한 직후 "모든 겸손과 온유로 하고 오래 참음으로 사랑 가운데서 서로 용납하고"(엡 4:2)라는 말씀과 "범사에 우리 주 예수 그리스도의 이름으로 항상 아버지 하나님께 감사하며 그리스도를 경외함으로 피차 복종하라"(엡 5:20-21)는 말씀으로 권면했습니다.

빌립보 교인들에게는 "아무 일에든지 다툼이나 허영으로 하지 말고 오직 겸손한 마음으로 각각 자기보다 남을 낫게 여기고"(빌 2:3), "너희 안에 이 마음을 품으라 곧 그리스도 예수의 마음이니"(빌 2:5), "오히려 자기를 비워 종의 형체를 가지사 사람들과 같이 되셨고 사람의 모양으로 나타나사 자기를 낮추시고"(빌 2:7-8)라고 말했습니다.

그리고 골로새 교인들에게는 "그러므로 너희는 하나님이 택하사 거룩하고 사랑 받는 자처럼 긍휼과 자비와 겸손과 온유와 오래 참음을 옷 입고 누가 누구에게 불만이 있거든 서로 용납하여 피차 용서하되 주께서 너희를 용서하신 것 같이 너희도 그리하고"(골 3:12-13)라고 말했습니다.

진정으로 자신을 낮추는 마음과 겸손은 다른 사람과의 관계, 즉 다른 사람을 대우하는 모습에서 나타납니다. 겸손은 하나님 앞에서는 아무런 가치를 지니지 못하지만 이웃에게 예수님의 겸손을 드러내도록 우리를 준비시킵니다. 앞서 살펴본 말씀의 맥락 속에서 일상생활 가운데 나타나는 겸손을 살펴보도록 하겠습니다.

겸손한 사람은 항상 "존경하기를 서로 먼저 하고, 서로 종노릇하고, 피차 복종하면서 자기보다 남을 낫게 여기라"는 말씀에 따라 행동하려고 합니다.

때로 "다른 사람들이 지혜나 거룩, 타고난 재능, 받은 은혜에 있어서 우리보다 훨씬 못하다는 것을 알면서 어떻게 자신보다 낫게 여길 수 있습니까?"라는 질문을 받습니다. 이 질문은 실제로 마음을 낮추는 것이 무엇인지 우리가 거의 이해하지 못한다는 사실을 단번에 보여줍니다.

참된 겸손은 하나님의 빛 가운데 우리가 아무것도 아니라는 사실을 알게 되고, 하나님이 모든 것이 되시도록 자신과 결별하고 자신을 떠나보내는 데 동의할 때 찾아옵니다. 이를 행하고 주님을 찾는 가운데 자신을 버렸다고 말할 수 있는 영혼은 더 이상 다른 사람들과 자신을 비교하지 않습니다. 그는 하나님의 임재 가운데 자신에 대한 모든 생각을 포기했으며, 아무것도 아닌 존재로서 이웃들을 만나며, 자신을 위해서는 아무것도 구하지 않습니다. 그런 영혼이야말로 진정 하나님의 종이며 하나님을 위해 모든 사람들의 종이 된 사람입니다. 신실한 종은 주인보다 지혜로울 수 있으나 종으로서의 참된 정신과 자세를 여전히 가지고 있습니다.

겸손한 사람은 가장 연약하고, 가장 자격이 없는 하나님의 모든 자녀를 왕의 아들의 명예를 가진 사람으로 바라보고, 높이고, 귀하게 여깁니다. 제자들의 발을 씻기셨던 주님의 영이 우리를 다른 사람의 종이 되게 하고, 가장 낮은 자가 되는 것을 기쁨으로 여기게 만듭니다.

겸손한 사람은 질투나 시기를 느끼지 않습니다. 자신보다 다른 사람들을 좋아하고 그들이 더한 복을 누릴 때도 하나님을 찬양합니다. 겸손한 사람은 그 앞에서 다른 사람들이 칭찬을 받고 자신이 잊히는 듯한 말을 들어도 견딥니다. 그렇게 할 수 있는 이유는 하나님의 임재 안에서 바울과 같이 "나는 아무것도 아니다"(고후 12:11 참조)라고 말하는 법을 배웠기 때문입니다. 바울은 자신을 기쁘게 하거나 자신의 영예를 구하지 않으셨던 예수님의 영을 받은 자입니다.

동료 신자들의 실패나 죄로 인해 나타나는 조급함과 과민함, 냉혹한 생각이나 날카로운 말들의 유혹 속에서도 겸손한 사람은 "서로 용납하여 피차 용서하되 주께서 너희를 용서하신 것 같이 너희도 그리하고"(골 3:13)라는 명령을 자주 되새기고 가슴 속에 지니고 다니면서 그것을 삶 가운데 나타내 보입니다. 겸손한 사람은 예수 그리스도로 입는 것이 곧 긍휼, 자비, 겸손, 온유, 오래 참음을 옷 입는 것임을 배운 자입니다. 예수님이 자신을 취하셨으므로 예수님과 같이 다른 사람을 용서하는 것이 불가능하지 않습니다.

겸손한 사람의 겸손은 단순히 자기비하의 생각이나 말이 아닙니다. 바울이 표현한 대로 긍휼과 자비, 온유와 오래 참음으로 채워진 겸손의 마음, 즉 하나님의 어린 양이 가진 표지로 인정되는 감미롭고 겸손한 온유함으로 이루어져 있습니다.

보다 고귀한 그리스도인의 삶을 경험하기 원하는 사람들의 경우 더 인간적이고, 더 인간미 넘치는 덕목으로 불릴 수 있는 것들을 목표로 삼고 그것을 기뻐하게 될 위험성이 있습니다. 그 예로 대담함, 기쁨, 세상을 경멸하는 것, 열심, 자기희생 등을 들 수 있는데, 이는 과거 스토아 철학자들이 가르치고 실천했던 내용들입니다.

한편 더 깊고, 더 부드러우며, 하나님의 성품과 천국의 특성에 더 가까운 은혜들을 예수님이 먼저 이 땅에서 가르치셨습니다. 왜냐하면 예수님이 이런 은혜들을 천국에서 가져오셨기 때문입니다. 그러나 그리스도의 십자가와 죽음, 영적인 가난, 온유함, 겸손, 낮아짐과 두드러지게 연관된 주님의 가르침에 대해서 사람들은 거의 생각하지도 않고 가치 있게 여기지도 않습니다.

그러므로 우리는 긍휼, 자비, 겸손, 온유, 오래 참음을 덧입어야 합니다. 잃어버린 자들을 구원하는 열정뿐 아니라 그리스도와 같이 서로를 오래 참고 용납하면서 모든 사람 앞에서, 형제들과의 관계 속에서 우리가 그리스도와 닮았다는 것을 증명해야 합니다.

그리스도인들은 성경에서 겸손한 사람을 어떻게 묘사하고 있는가를 공부해야 합니다. 그리고 성경이 묘사하는 내용과 닮은 모습을 우리 안에서 찾아볼 수 있는지 믿음의 형제들과 세상 사람들에게 물어보아야 합니다. 겸손한 사람을 이야기하는 성경 본문들을 우리 안에서 하나님이 역사하실 것이라는 약속의 말씀으로, 예수님의 영이 우리 안에 새로운 생명을 주시리라는 말씀의 실현으로 받아들이고 만족해야 합니다.

우리는 자신의 실패와 단점들을 볼 때마다 온유하고 겸손하신 하나님의 어린 양께 겸손하고 온유하게 돌이켜야만 합니다. 이런 돌이킴은 하나님의 어린 양이 우리 마음에 좌정하시는 곳에서 그분의 겸손과 온유함이 우리 안에서 흘러나오는 생수의 물줄기 중 하나가 되리라는 확신 가운데 이루어져야 합니다.

"저는 예수님을 알았으며 그분은 제 영혼에 매우 소중한 분이셨습니다. 하지만 저는 친절함과 오래 참음과 온유함을 유지하지 못하도록 방해하는 제 안에 존재하는 어떤 것을 발견했습니다. 그것을 억누르기 위해서 할 수 있는 모든 일을 했지만 그것은 여전히 거기에 있었습니다. 저는 예수님께 이를 위해 간절히 구했습니다. 주님께 저의 뜻을 내어드리자 주님이 제 마음에 오셔서 친절하지 못한 모든 것, 오래 참지 못하는 모든 것, 온유하지 못한 모든 것을 꺼내시고 나서는 문을 닫아버리셨습니다."

– 조지 폭스

저는 하나님이 주시는 겸손의 부족으로 교회가 겪는 어려움과, 하나님이 자신의 능력을 증명하실 만한 공간이 전혀 없는 상황을 우리가 거의 인식하지 못하고 있는 현실을 절감하고 있습니다. 다양한 사회에 속한 몇몇 선교기지를 잘 알고 있는 겸손하고도 남을 사랑하는 영혼을 가진 한 그리스도인이 깊은 통탄을 표현했습니다. 어떤 선교기지의 경우 사랑과 관용의 정신이 슬플 정도로 결여되어 있다는 것입니다. 유럽에서 자신만의 또래집단을 택하고 다른 이들과 별 마음 없이 함께 어울렸던 형제자매들은 참고, 사랑하고, 평안의 끈 안에서 성령의 연합을 지키기가 힘들다는 것을 발견합니다. 서로의 기쁨을 위한 조력자가 되어야 하는 사람들이 장애물과 피곤한 존재가 되었습니다.

이 모든 상황이 일어난 한 가지 이유는 자신을 아무것도 아니라고 생각하고, 가장 작은 자가 되고, 그렇게 여김 받는 것을 즐거워하며, 예수님처럼 다른 사람들의 종과 조력자이자 위로자가 되며 심지어는 가장 낮고, 가장 부족한 자가 되기만을 구하는 겸손이 부족하기 때문입니다.

그리스도를 위해 자신을 기꺼이 포기했던 사람들이 형제를 위해 자신을 포기하는 것은 왜 이렇게 어려워하는 걸까요? 이것이야말로 교회의 허물이 아닐까요? 사실 교회는 자녀들에게 그리스도의 겸손이 첫째가는 덕목이고, 성령의 은혜와 능력 가운데 가장 좋은 것임을 거의 가르치지 않았습니다. 또한 교회는 그리스도와 닮은 겸손이 절실히 필요하다고 가르치지 않았으며, 겸손을 최우선의 자리에 놓고 설교하지 않았습니다. 그러나 이 때문에 낙심할 필요는 없습니다. 은혜의 부족에 대한 깨달음은 우리를 자극해 하나님의 더 큰 기대로 나아가게 하기 때문입니다.

우리는 우리에게 시련을 주고 고통을 주는 모든 형제자매들을 하나님이 주시는 은혜의 수단으로, 생명 되신 예수님이 우리 안에 불어넣으시는 겸손을 실천하고, 우리를 정결케 하는 도구로 바라보아야 합니다. 그리고 하나님이 전부가 되시고 우리 자신은 아무것도 아니라는 믿음을 가져야 합니다. 그때 비로소 우리는 아무것도 아닌 자로서 하나님의 능력 안에서 서로를 사랑으로 섬기기만을 구할 수 있게 됩니다.

07
겸손과 거룩

Andrew Murray

"너는 네 자리에 서 있고 내게 가까이 하지 말라 나는 너보다 거룩함이라"(사 65:5).

 우리는 이 시대에 일어나는 성결 운동에 대해 이야기하며, 이에 대해 하나님을 찬양합니다. 또한 거룩을 추구하고 고백하는 사람들에 대해, 그리고 이에 관한 가르침과 집회에 대한 많은 이야기를 듣습니다. 그리스도 안에서 복된 진리인 거룩과 믿음으로 말미암은 거룩이 그 어느 때보다 강조되고 있습니다.
 우리가 추구하거나 도달하고자 하는 거룩이 진리이며 생명인지를 확인하는 가장 큰 시험대는 더 많은 겸손을 낳는 가운데 나타나고 있느냐는 것입니다. 겸손은 하나님의 거룩이 사람 안에 머물고 그를 통해 빛을 발하도록 하는 데 필요합니다. 예수님의 삶과 죽음과 승천의 비밀은 우리를 거룩하게 하시는 하나님의 거룩하신 분, 예수님 안에 있었던 겸손입니다. 우리의 거룩함을 시험하는 한 가지 확실한 방법은 하나님과 사람 앞에서 겸손이 특징으로 나타나는가 하는 것입니다. 겸손은 거룩에서 피어난 아름다운 꽃입니다.

거짓된 거룩의 주된 표지는 겸손의 부족입니다. 거룩을 추구하는 모든 사람은 스스로를 경계할 필요가 있습니다. 그렇지 않으면 성령 안에서 시작되어 육신으로 종결되거나, 예상하지 못했던 곳에서 교만이 스며들 수 있습니다.

두 사람이 성전에 기도하러 갔습니다. 한 사람은 바리새인이었고 다른 사람은 세리였습니다. 성전은 지극히 거룩한 곳입니다. 그러나 바리새인은 그곳에 들어갈 수 있었습니다. 교만은 하나님의 성전에서 고개를 들도록 하며, 하나님께 대한 예배를 자기 자신을 높이는 현장으로 만들어버릴 수 있습니다. 그리스도께서는 바리새인의 교만을 드러내셨고, 이후에 바리새인은 세리의 옷을 걸치게 되었습니다.

가장 고귀한 거룩을 고백하는 사람들과 같이 깊은 죄성을 고백하는 사람들은 자신을 경계해야 합니다. 우리의 마음이 하나님의 성전이 되기를 가장 갈망하는 바로 그 순간, 두 종류의 사람이 기도하러 오는 것을 발견하게 될 것입니다. 세리는 자신을 위협하는 것이 옆에 서서 자신을 무시하는 바리새인이 아니라 스스로를 칭찬하고 높이려는 자신 안에 존재하는 바리새인임을 발견하게 될 것입니다. 하나님의 성전에서, 하나님의 임재 가운데 자신이 누구보다 거룩하다고 생각하는 그 순간, 교만을 경계해야 합니다.

> "하루는 하나님의 아들들이 와서 여호와 앞에 섰고 사탄도 그들 가운데에 온지라"(욥 1:6).
> "하나님이여 나는 다른 사람들 곧 토색, 불의, 간음을 하는 자들과 같지 아니하고 이 세리와도 같지 아니함을 감사하나이다"(눅 18:11).

감사의 조건이 되는 상황 속에서도, 하나님께 돌려드리는 감사 속에서도, 하나님이 모든 일을 행하셨다는 고백 속에서도 자아는 자기만족을 위한 대의를 발견합니다. 심지어 죄를 고백하고 하나님의 긍휼을 신뢰하는 이야기만 들리는 성전에서도 바리새인은 하나님께 찬송하고 감사하는 가운데 자신을 높일 수 있습니다. 교만은 찬양, 혹은 회개라는 옷을 덧입을 수 있습니다. 비록 겉으로는 "나는 다른 사람들과 같지 아니함을 감사하나이다"라는 말을 거부하거나 정죄할지라도 그들의 교만한 태도는 함께 예배하는 사람들이나 이웃을 향한 느낌이나 말에서 종종 드러납니다.

실제로 그런지 알고 싶다면 신자들이 서로에 대해 자주 말하는 방식이 어떤가를 귀 기울여보면 됩니다. 예수님의 온유함과 겸손이 얼마나 부족한지 모릅니다. 깊은 겸손이야말로 예수님의 종들의 대화에서 중심 주제가 되어야 함을 거의 인식하지 못하고 있는 것이 현실입니다.

여러 교회와 성도들의 모임에서, 여러 선교회와 대표자 모임에서, 여러 협회와 위원회, 심지어는 해외 선교회에서 연합이 얼마나 방해받고 있고, 하나님의 역사가 얼마나 훼방을 받고 있는지 모릅니다. 이는 성도라고 생각하는 사람들이 까다로움과 경솔함과 성급함과 자기방어와 자기주장과 날카로운 판단과 친절하지 못한 말로써 다른 사람들을 자신보다 낮게 여기지 않고 있으며 그들의 거룩 속에 성도의 온유함을 거의 찾아볼 수 없기 때문입니다.

사람은 누구나 영적으로 성장하는 과정 가운데 자신을 크게 낮추고 깨어지는 시간을 필요로 합니다. 하지만 이는 겸손으로 옷 입고, 겸손의 정신을 가지고, 자신의 마음을 낮추는 것과는 확연히 다른 것입니다. 자신을 낮추는 것은 자기 자신을 다른 사람의 종으로 여기고, 예수 그리스도 안에 있었던 바로 그 겸손의 정신을 나타내는 것을 말합니다.

"나는 당신보다 거룩하니 옆으로 물러나시오"라는 말은 거룩을 얼마나 서투르게 모방한 것인가요? 거룩한 분 예수님은 겸손한 분이십니다. 가장 거룩하신 분이 가장 겸손한 분으로 늘 계실 것입니다. 하나님 외에는 거룩하신 분이 없으며 하나님이 주시는 거룩만큼만 우리는 거룩할 것입니다. 그리고 하나님이 주시는 겸손만큼 우리는 실제적으로 겸손할 것입니다. 겸손은 하나님이 전부가 되신다는 시야 내에서 자신이 사라지는 것을 의미하기 때문입니다. 가장 거룩한 자는 가장 겸손한 자일 것입니다.

오늘날에는 뻔뻔스럽게 자신을 자랑하던 이사야 시대의 유

대인 같은 사람들을 발견할 일이 별로 없고 우리도 그런 식으로 말하고 행동하지 않습니다. 하지만 동료 신자들이나 세상 사람들을 대하는 방식에서 그런 교만한 태도가 얼마나 자주 나타나는지 모릅니다. 자신의 의견을 나누거나, 일을 진행하거나, 잘못을 표현하는 방식 속에서 우리는 세리의 옷을 입고 있으나 목소리는 여전히 "나는 다른 사람들과 같지 아니함을 감사하나이다"라고 말하는 바리새인과 같을 때가 종종 있습니다.

"모든 성도 중에 지극히 작은 자보다 더 작은"(엡 3:8) 모든 사람들의 종으로 자신을 여길 만큼의 겸손을 찾을 수 있습니까?

"사랑은 자랑하지 아니하며 교만하지 아니하며…자기의 유익을 구하지 아니하며"(고전 13:4-5).

이런 사랑의 정신이 마음에서 밖으로 빛을 비추고, 하나님의 성품이 완전하게 태어나고, 하나님의 온유하고 겸손한 어린 양이신 그리스도께서 우리 안에 진정으로 거하심으로 하나님의 성품이 완전하게 나타날 때 완전한 사랑의 능력이 우리에게 주어집니다. 그때 우리는 아무리 자신이 연약해도 스스로를 잊은 채 다른 사람들을 축복하고, 그들과 함께 견디고, 그들을 존귀하게 하는 데서 복됨을 발견하게 됩니다. 이런 사랑이 임하는 곳에 하나님이 임하십니다.

하나님이 능력으로 임하시고 전부가 되시어 자신을 계시하시는 곳에서 인간은 아무것도 아닌 존재가 됩니다. 사람이 하나님 앞에서 아무것도 아닌 자로 서는 곳에서는 동료 인간을 향해 겸손해질 수밖에 없습니다. 하나님의 임재는 시간과 계절로서의 임재가 아니라 영혼이 그 아래에 영원히 거하는 덮개로서의 임재입니다. 하나님 앞에서 자신을 깊이 낮추는 것은 하나님의 임재를 위한 성소가 되는 것이며, 모든 말과 행위가 그곳에서 나타납니다.

하나님은 이웃에 대한 우리의 생각과 말과 느낌이 그분께 대해 우리가 가진 겸손의 시험대이며, 하나님 앞에서 겸손한 것이 이웃에게 항상 겸손할 수 있는 유일한 힘이라고 우리에게 가르쳐주십니다. 우리의 겸손은 우리 안에 계신 하나님의 어린 양이신 그리스도의 생명입니다.

강단이나 토론장에서 거룩을 가르치는 모든 사람들과, 골방이나 집회에서 거룩을 추구하는 모든 사람들은 주의할 필요가 있습니다. 교만만큼 위험한 것이 없습니다. 그 이유는 거룩 속의 교만처럼 자기도 모르는 사이에 미묘하게 진행되기 때문입니다. "나는 당신보다 거룩하니 옆으로 물러나시오"라는 말을 항상 하거나 생각하는 사람은 없습니다. 실제로 이런 생각은 혐오스럽게 여겨집니다. 하지만 무의식중에 은밀한 영혼의 습관이 자라나면서 자신이 성취한 것에 만족을 느끼고 자신이 남들보다 어느 정도 뛰어난지를 보게 됩니다.

이런 일이 항상 특별한 자기주장이나 자기자랑 속에서 인식되는 것은 아닙니다. 그렇지만 하나님의 영광을 나타내는 영혼의 표지(욥 42:5-6; 사 6:5 참조)라고 할 수 있는 깊이 있는 자기 낮춤이 없을 때는 금세 눈에 띕니다.

거룩 속의 교만은 말이나 생각뿐 아니라 다른 사람에 대해 말하는 방식이나 어조에서 드러나는데 영적 분별의 은사를 가진 사람들은 여기에서 자아의 권세를 인식하곤 합니다. 심지어 세상조차도 예리한 시각으로 자아의 권세를 알아차립니다. 그들은 천국의 삶에 대한 고백이 천국의 특별한 열매로 연결되지 못하는 증거로 이를 가리킵니다.

따라서 우리는 주의해야 합니다. 거룩에 대한 생각이 진보할 때마다 겸손이 더해지도록 연구하지 않으면 아름다운 생각과 느낌, 또한 성결과 믿음에서 나온 엄숙한 행동은 즐거워하지만 하나님의 임재를 보여주는 유일하고도 확실한 표지인 자아의 사라짐은 더욱 부족해질 것입니다. 우리 모두 예수님께로 달려가서 겸손으로 옷 입을 때까지 그분 안에 몸을 숨깁시다. 그것만이 우리의 거룩입니다.

08
겸손과 죄

Andrew Murray

"죄인 중에 내가 괴수니라"(딤전 1:15).

겸손은 참회와 통회로 종종 간주됩니다. 그 결과 영혼이 죄에 사로잡히게 하는 것 외에는 겸손을 장려할 수 있는 방법이 없어 보입니다. 하지만 겸손이란 이와 다른 것이며, 이보다 더 많은 것을 담고 있다는 것을 앞서 살펴보았습니다. 또한 주 되신 예수님과 서신서의 가르침에서 죄에 대한 언급 없이도 자주 겸손이 등장했음을 살펴보았습니다.

사물의 본질 속에서, 피조물과 창조주의 관계 속에서, 예수님이 사시고 우리에게 전해 주신 그분의 삶 속에서 겸손은 복된 상태일 뿐 아니라 거룩의 본질 그 자체입니다. 겸손은 하나님이 왕의 자리에 앉으심으로써 우리가 그 자리에서 물러나는 것을 말합니다. 하나님이 모든 것이 되시는 곳에서 우리는 무용지물이 됩니다.

저는 진리의 이와 같은 측면을 강조할 특별한 필요를 느낍니다. 그러나 인간의 죄와 하나님의 은혜가 성도의 겸손에 얼마나 새로운 깊이와 강렬함을 주는지는 굳이 말하지 않아도 됩니다. 속죄함을 받은 거룩한 사람의 인생에서 죄인이라는 깊은 인식이 얼마나 억눌림 없이 나타났는지를 알려면 사도 바울과 같은 사람을 살펴보기만 하면 됩니다. 우리는 사도 바울이 스스로의 인생을 박해자이자 신성 모독자로 언급하고 있는 본문들을 알고 있습니다.

"나는 사도 중에 가장 작은 자라 나는 하나님의 교회를 박해하였으므로 사도라 칭함 받기를 감당하지 못할 자니라…내가 모든 사도보다 더 많이 수고하였으나 내가 한 것이 아니요 오직 나와 함께 하신 하나님의 은혜로라"(고전 15:9-10).

"모든 성도 중에 지극히 작은 자보다 더 작은 나에게 이 은혜를 주신 것은 측량할 수 없는 그리스도의 풍성함을 이방인에게 전하게 하시고"(엡 3:8).

"내가 전에는 비방자요 박해자요 폭행자였으나 도리어 긍휼을 입은 것은 내가 믿지 아니할 때에 알지 못하고 행하였음이라"(딤전 1:13).

"미쁘다 모든 사람이 받을 만한 이 말이여 그리스도 예수께서 죄인을 구원하시려고 세상에 임하셨다 하였도다 죄인 중에 내가 괴수니라"(딤전 1:15).

하나님은 은혜로 바울을 구원하셨고 그의 죄를 영원히 기억하지 않으셨습니다. 그러나 바울은 자신이 얼마나 끔찍한 죄를 지었는지 절대 잊을 수 없었습니다. 하나님의 구원을 기뻐하면 기뻐할수록, 하나님의 은혜 체험이 말할 수 없는 기쁨으로 자신을 채우면 채울수록 그가 구원받은 죄인이라는 생각이 더욱 확실해졌습니다. 그리고 자신이 죄인이라는 의식이 구원을 귀하고 실제적으로 만들어줄 때 구원에서 의미와 기쁨을 발견하게 된다는 생각이 더욱 선명해졌습니다. 바울은 하나님이 그분의 팔로 안으시고, 그분의 사랑으로 관을 씌우신 죄인이었음을 단 한순간도 잊을 수 없었습니다.

앞서 인용한 본문들은 바울이 날마다 자신이 지은 죄들을 고백한 것이라고 말하는 경우가 종종 있습니다. 하지만 본문들을 연관성 속에서 주의 깊게 읽으면 그렇지 않다는 것을 발견하게 됩니다. 이들 본문은 훨씬 더 깊은 의미를 가집니다. 즉 어린 양의 피로 죄가 씻겨 속죄함을 입은 자가 보좌 앞에 엎드릴 때 느끼는 겸손과 같이 놀라움과 흠모의 어조를 나타내며, 영원히 지속되는 고백을 가리킵니다.

그러나 명심해야 할 점은 그리스도의 피로 씻긴 사람들은 영광 가운데 있다 해도 속죄함을 입은 죄인일 뿐이라는 사실입니다. 은혜로 약속된 모든 것을 받을 권리와 명분을 갖고 있는 하나님의 자녀인 우리는 구원받은 죄인임을 느끼지 않고서는 단 한순간도 하나님의 완전한 사랑의 빛 가운데서 살아갈 수 없습니다.

죄인으로서 처음 가졌던 그 겸손이 피조물로서의 겸손이 될 때 새로운 의미를 얻게 됩니다. 그 이후에는 피조물로서 태어났을 때 가졌던 겸손이 하나님의 놀라운 구속적 사랑의 기념비가 되는 기억 속에서 가장 깊고, 가장 풍성한 찬양이 됩니다.

사도 바울의 이런 표현들이 우리에게 가르쳐주는 진정한 의미는 그리스도인으로서 그의 삶 전체에 걸쳐 가장 강렬한 개인적 고백이 나타나는 서신서나 바울의 기록에서 죄의 고백과 같은 형태를 전혀 찾아볼 수 없다는 놀라운 사실을 발견할 때 더욱 강렬하게 다가옵니다. 자신의 단점이나 결점을 언급한 어느 곳에서도 그가 의무를 이행하지 못했다거나 완전한 사랑의 법을 깨뜨리고 죄를 지었다는 것을 독자들에게 암시하는 내용을 찾아볼 수 없습니다. 반면 하나님과 사람 앞에서 흠 없는 삶을 살지 않았다면 아무런 의미도 없었을 언어로 자신을 변호하는 구절들이 적지 않습니다.

> "우리가 너희 믿는 자들을 향하여 어떻게 거룩하고 옳고 흠 없이 행하였는지에 대하여 너희가 증인이요 하나님도 그러하시도다"(살전 2:10).
>
> "우리가 세상에서 특별히 너희에 대하여 하나님의 거룩함과 진실함으로 행하되 육체의 지혜로 하지 아니하고 하나님의 은혜로 행함은 우리 양심이 증언하는 바니 이것이 우리의 자랑이라"(고후 1:12).

이것은 하나의 이상이나 갈망이 아니고 바울의 실제 삶을 근거로 한 호소입니다. 그러나 죄에 대한 고백이 없다는 것은 우리가 어떻게 설명하든 오늘날 거의 실현되거나 기대하기 어려운 성령의 능력 안에 거하는 삶을 가리킨다는 것을 우리 모두는 인정할 것입니다.

제가 강조하고 싶은 내용은 이렇습니다. 죄에 대한 고백이 없다는 것은, 더 깊은 겸손의 비밀은 매일 행하는 죄에서 찾을 수 있는 것이 아니라는 사실을 보여줍니다. 오히려 자신을 살아 있는 특별한 존재로 만들어주는 것은 더욱 풍성한 은혜 가운데 거할 때라는 것을 한순간도 잊지 않는 태도를 유지하는 것입니다. 따라서 하나님 앞에서 우리가 취해야 할 유일하고도 복된 자세는, 자신이 은혜로 구원받은 자임을 고백하는 것을 가장 큰 기쁨으로 여기는 것입니다.

죄를 지어서는 안 된다는 현재의 의식은 언제든지 내면에 침투해 들어오려고 하는 숨겨진 죄의 어두운 권세에 대한 기억, 즉 은혜를 경험하기 전에 매우 끔찍한 죄를 지었다는 깊이 각인된 과거의 기억과 결부되어 있습니다. 이것은 내주하시는 그리스도의 임재와 권세를 통해서만 막을 수 있습니다.

"내 속 곧 내 육신에 선한 것이 거하지 아니하는 줄을 아노니"
(롬 7:18).

이 말씀은 육신이 지향하는 바를 묘사하고 있습니다. 영광스런 구원을 말하는 로마서 8장은 이렇게 말씀합니다.

"이는 그리스도 예수 안에 있는 생명의 성령의 법이 죄와 사망의 법에서 너를 해방하였음이라"(롬 8:2).

이는 육신이 멸절되거나 성화되는 것을 말하는 것이 아니라 성령께서 육의 행실을 죽이는 가운데 주시는 지속적인 승리를 지칭하는 것입니다. 건강이 질병을 몰아내고, 빛이 어둠을 삼키고, 생명이 죽음을 정복하듯이 성령을 통한 그리스도의 내주하심은 영혼의 건강이자 빛이자 생명입니다. 한편 우리가 어찌할 수 없는 위험한 존재라는 확신은 순간순간 끊임없이 역사하시는 성령 안에서 믿음을 단련시키고, 가장 고귀한 믿음과 기쁨을 오직 하나님의 은혜로 살아가는 겸손의 종으로 만드는 의존성을 더욱 굳세게 합니다.

앞서 인용한 세 개의 본문은 모두 바울에게 임한 놀라운 은혜와 그가 매 순간 그토록 깊이 자신을 낮출 필요를 느꼈음을 보여줍니다. 하나님의 은혜가 바울과 함께했고, 이로써 그는 다른 이들보다 더 열심히 일할 수 있었습니다. 그 은혜는 그리스도 안에 있는 믿음과 사랑으로, 아주 풍성했습니다. 은혜의 본질과 영광은 그것이 죄인들을 위한 것이고, 또 한때 죄를 지은 자로서 지금도 죄를 지을 수 있다는 인식을 더욱 강하게 의식하도록 돕는다는 데 있습니다.

"죄가 더한 곳에 은혜가 더욱 넘쳤나니"(롬 5:20)라는 말씀은 은혜의 본질이 죄를 다루고 제거하는 데 있으며, 은혜의 경험이 풍성할수록 죄인이라는 의식도 강렬해진다는 것을 보여줍니다. 누군가에게 그가 어떤 죄인인지를 보여주고 깨닫게 하는 것은 죄가 아니라 하나님의 은혜입니다. 이는 그로 하여금 진정으로 겸손케 합니다. 자신이 죄인임을 진정으로 알게 하고, 죄인으로서 가장 깊은 겸손의 자리에 있으면서 그 자리를 결코 떠나지 않게 해주는 것은 죄가 아니라 은혜입니다.

강한 표현을 사용함으로 자신을 정죄하고 비난하면서 겸비하려고 애쓰지만 겸손의 정신, 즉 자비와 긍휼, 온유함과 오래 참음을 동반하는 겸손의 마음과 아직 거리가 멀다고 고백할 수밖에 없는 사람들이 적지 않은 현실이 우려됩니다. 자신을 가장 깊이 혐오하는 중에 자신에게 사로잡히게 되면 결코 자신에게서 자유할 수 없습니다. 우리를 겸손하게 하는 것은 죄를 정죄하는 율법만이 아니라 죄로부터 구원하시는 하나님의 은혜로 주어진 하나님의 계시입니다. 율법은 두려움으로 마음을 깨어지게 할 수 있습니다. 하지만 제2의 본성으로 우리의 영혼에 기쁨이 되는 겸손은 오직 은혜로만 가능합니다.

아브라함과 야곱, 욥과 이사야를 그토록 낮추고 엎드리게 한 것은 은혜로 자신을 알리기 위해 가까이 다가오신, 거룩 속에 나타나신 그분의 계시였습니다. 아무것도 아닌 피조물의 전부가 되시는 창조주 하나님, 죄성으로 충만한 죄인들의 전부가 되시는 구속자이신 하나님을 기다리고 신뢰하고 예배하는 영혼만이 하나님의 임재로 자신이 충만해지는 것을 발견하게 될 것입니다. 그러면 곧 자신을 위한 자리는 사라지게 될 것입니다. "그날에 자고한 자는 굴복되며 교만한 자는 낮아지고 여호와께서 홀로 높임을 받으실 것이요"(사 2:17)라는 약속만이 성취될 것입니다.

그리스도와 성령을 통해서 나타나는 하나님의 사랑이 충만해지는 경험을 하고, 하나님의 거룩한 구속적 사랑의 완전한 빛 속에 거하는 죄인은 겸손해지지 않을 수 없습니다. 죄에 사로잡히지 않고 하나님께 사로잡히는 사람은 자신으로부터 구원받을 수 있습니다.

09

겸손과 믿음

Andrew Murray

> "너희가 서로 영광을 취하고 유일하신 하나님께로부터 오는 영광은 구하지 아니하니 어찌 나를 믿을 수 있느냐"
> (요 5:44).

최근 한 연설에서 고귀한 그리스도인의 삶의 축복은 상점 진열대에 놓여 있는 물건과 비슷해서 볼 수는 있으나 만질 수는 없다는 말을 들었습니다. 누군가 손을 뻗어서 물건을 가져가라는 말을 듣는다면 중간에 두꺼운 판유리가 가로막고 있어서 그럴 수 없다고 대답할 것입니다. 마찬가지로 그리스도인들은 완전한 평강과 안식, 넘쳐흐르는 사랑과 기쁨, 영원한 교통과 결실이 주는 복된 약속들을 분명히 보지만 여전히 중간에 참된 소유를 가로막는 무언가가 있음을 느낍니다.

그렇다면 그 장애물은 무엇입니까? 바로 교만입니다. 믿음에게 주어진 약속은 자유롭고 확실합니다. 뿐만 아니라 그 초청과 격려는 매우 강하고, 믿음이 기초하는 하나님의 크신 능력은 아주 가깝고 자유롭습니다. 따라서 축복이 우리의 소유가 되는 것을 방해하는 유일한 장애물은 믿음을 가로막는 어떤 것일 수밖에 없습니다. 예수님은 다음의 말씀에서 믿음을 불가능하게 하는 것은 실제로 교만이라는 사실을 깨닫게 하십니다.

"너희가 서로 영광을 취하고 유일하신 하나님께로부터 오는 영광은 구하지 아니하니 어찌 나를 믿을 수 있느냐"(요 5:44).

교만과 믿음은 본질 자체에 있어서 도저히 일치하지 않습니다. 이 사실을 깨달을 때 믿음과 겸손이 뿌리를 공유하고 참된 겸손을 소유하는 분량만큼 믿음을 갖게 된다는 것을 배우게 됩니다. 그리고 진리에 대한 강한 지적 신념과 확신을 실제로 갖고 있으면서도 마음속에 교만이 자리 잡고 있어서 하나님의 능력이 나타나는 살아 있는 믿음이 불가능하다는 것을 깨닫게 됩니다.

우리는 잠시 동안 믿음이 무엇인지 생각해 볼 필요가 있습니다. 믿음이란 자신이 아무것도 아니며, 어찌할 수 없는 존재이고, 하나님이 일하시도록 두 손 들고 기다리는 자임을 고백하는 것이 아니겠습니까? 이것이 가장 겸손한 일로서, 은혜를 통해 주어지는 것 외에는 어떤 것도 주장하거나, 얻거나, 행할 수 없는 의존하는 자로서의 자리를 받아들이는 것입니다. 간단히 말해서 겸손은 영혼이 믿음 가운데 살아가도록 준비하는 하나의 성향입니다.

자기를 구하고, 자기의 뜻을 이루고, 자기를 신뢰하고, 자기를 높이는 과정 중에 가장 은밀하게 존재하는 교만이라 할지라도 그것은 자기 자신을 공고하게 하여 하나님 나라에 들어갈 수 없거나, 하나님 나라에 속한 것들을 소유하지 못하게 만듭니다. 왜냐하면 교만은 하나님이 만유의 주가 되시는 것을 거부하기 때문입니다.

믿음은 하나님 나라와 그 축복을 인식하고 이해하는 기관, 또는 감각입니다. 믿음은 하나님으로부터 오며 오직 그분이 만유가 되시는 곳에서만 나타나는 영광을 구합니다. 우리가 서로에게서 영광을 구하고, 이 세상의 영광과 인간으로부터 오는 명예와 평판을 좇으며 사랑하고, 시기로 지키려고 하는 한 우리는 하나님으로부터 오는 영광을 구하지도 않고 받을 수도 없습니다. 교만은 믿음을 불가능하게 만듭니다.

구원은 십자가와 십자가에 달리신 그리스도께로부터 옵니다. 구원은 십자가의 영 안에서 이루어지는 십자가에 달리신 그리스도와의 교제입니다. 구원은 그리스도의 겸손과 연합하고, 그분의 겸손을 즐거워하고 참여하는 것입니다.

교만은 여전히 우리를 강력하게 지배하고 있으며, 우리는 우리에게 가장 필요한 복된 구원으로서의 겸손을 갈망하고 기도하는 법을 거의 배운 적이 없습니다. 따라서 우리의 믿음이 그토록 연약한 것은 놀랄 일이 아닙니다.

겸손과 믿음은 많은 사람들이 알고 있는 것 이상으로 성경에서 더 많은 연관성을 보여줍니다. 그리스도의 삶 속에서 이를 볼 수 있습니다. 예수님이 위대한 믿음에 대해 말씀하신 두 가지 경우입니다. 백부장이 "주여 내 집에 들어오심을 나는 감당하지 못하겠사오니"(마 8:8)라고 말하자 예수님은 "이스라엘 중 아무에게서도 이만한 믿음을 보지 못하였노라"(마 8:10)고 말씀하시며 그 믿음에 놀라워하셨습니다. 가나안 여자가 "개들도

제 주인의 상에서 떨어지는 부스러기를 먹나이다"(마 15:27)라고 말하자 예수님은 "여자여 네 믿음이 크도다"(마 15:28)라고 말씀하셨습니다.

하나님 앞에 아무것도 아닌 한 영혼으로 나아오게 하고, 동시에 믿음의 모든 장애물을 제거하고, 하나님을 온전히 신뢰하지 않음으로 주님의 이름이 해가 될 것을 두려워하게 하는 것이 바로 겸손입니다.

형제들이여, 거룩을 추구하다가 실패하는 이유가 여기에 있지 않겠습니까? 우리를 거룩하게 구별하는 것과 우리의 믿음을 그토록 피상적이고 단명하게 하는 이유가 여기에 있지 않겠습니까?

우리는 교만과 자아가 우리 안에서 어느 정도까지 은밀하게 역사하는지, 또 어떻게 하나님이 그분의 강력한 능력을 통해 임재하셔서 교만과 자아를 몰아내실 수 있는지 알지 못했습니다. 우리는 옛 자아를 완전히 대체하는 하나님의 새로운 성품만이 우리를 실제로 겸손하게 만들 수 있음을 이해하지 못했습니다. 완전하고, 끊임이 없고, 보편적인 겸손이 사람을 대할 때만이 아니라 하나님께 기도하고 나아가는 모든 성향의 뿌리가 되어야 한다는 것을 우리는 알지 못했습니다. 또한 모든 면에 나타나는 마음의 겸손과 낮아짐이 없이 하나님을 믿거나 그분께 가까이 가고, 혹은 그분의 사랑 안에 거하려고 하는 것은 눈 없이 보려 하거나 숨 쉬지 않고 살려는 것과 같다는 것을 우리는 몰랐습니다.

형제들이여, 우리는 하나님이 주시는 복과 풍요를 소유하려는 교만한 옛 자아가 늘 존재함으로 믿는 데 많은 어려움을 주는 실수를 범해 오지는 않았는지요? 우리가 믿음을 갖지 못하는 것은 놀랄 일이 아닙니다. 우리는 방향을 전환해야 합니다. 무엇보다 하나님의 전능하신 손 아래에서 스스로를 낮춰야 합니다. 그러면 하나님이 우리를 높이실 것입니다.

예수님이 자신을 낮추셨던 십자가와 죽음과 무덤은 하나님의 영광으로 이르는 길이 되었습니다. 이들은 우리가 걸어가야 할 길이기도 합니다. 예수님과 함께 낮아지고, 예수님처럼 낮아지는 것이 우리의 유일한 소원과 열렬한 기도가 되어야 합니다. 그리고 하나님 앞에서나 사람 앞에서 무엇이 우리를 낮춘다 해도 기쁘게 여겨야 합니다. 이것만이 하나님의 영광으로 이르는 길입니다.

어쩌면 한 가지 질문을 하고 싶을지도 모르겠습니다. 저는 앞서 복된 경험을 한 적이 있고, 다른 사람들에게 복을 가져다주는 수단이 되기도 하지만 여전히 겸손이 부족한 어떤 사람들에 대해 말했습니다. 그들은 사람이 주는 영광을 갈망하는 모습을 확실하게 드러내고 있음에도 불구하고 여러분은 그들이 참되고 강한 믿음을 가졌는지의 여부를 묻습니다.

이에 대해 한 가지 이상의 답변이 가능합니다. 하지만 여기에서 중요한 답은 이렇습니다. 그들은 실제로 어느 정도의 믿음을 소유하고 있습니다. 그리고 그들이 다른 사람에게 전해 주는 축복은 그들에게 주어진 특별한 은사와 그들이 지닌 믿음의 분량에 따른 것입니다. 하지만 그 모든 축복에 일어나는 믿음의 역사는 겸손의 부족으로 방해를 받습니다.

축복이 종종 피상적이거나 일시적이 되는 이유는 하나님이 전부가 되시도록 길을 내어드리는, 즉 스스로 아무것도 아닌 존재가 되지 않으려 하기 때문입니다. 더욱 깊은 겸손은 의심할 바 없이 더 깊고, 더 완전한 축복을 가져다줍니다. 성령께서 능력의 영으로 그들 안에 역사하실 뿐 아니라 은혜의 충만함과 특히 겸손의 충만함으로 그들 안에 거하심으로 거듭난 자들이

9. 겸손과 믿음

이 시대에 거의 찾아볼 수 없는 능력과 거룩과 확고부동한 삶을 살아갈 수 있도록 교통하실 것입니다.

> "너희가 서로 영광을 취하고 유일하신 하나님께로부터 오는 영광은 구하지 아니하니 어찌 나를 믿을 수 있느냐"(요 5:44).

이 말씀과 같이 하나님께로부터 오는 영광을 구하는 것 외에는 그 어떤 것으로도 사람에게서 영광을 취하려는 욕망과 영광이 주어지지 않을 때 오는 민감함과 고통과 분노를 치료할 수가 없습니다. 전적으로 영화로우신 하나님의 영광이 우리의 전부가 되어야 합니다. 그 후에야 사람과 자신의 영광을 구하는 데서 자유롭게 되고 아무것도 아닌 존재가 되는 것에 만족하고 기뻐하게 될 것입니다.

이와 같이 아무것도 아닌 자세로 하나님께 영광을 드리는 가운데 믿음이 강해질 것이고, 하나님 앞에서 겸손으로 더 깊이 낮아질수록 하나님이 믿음의 모든 소원을 이루시기 위해 더 가까이 다가오심을 깨닫게 될 것입니다.

10
겸손과 자아에 대한 죽음

Andrew Murray

"자기를 낮추시고 죽기까지 복종하셨으니"(빌 2:8).

겸손은 죽음에 이르는 길입니다. 이는 죽음이 겸손의 완전함을 가장 잘 보여주는 증거이기 때문입니다. 겸손은 자아의 죽음이라는 꽃에 맺히는 완전한 열매입니다. 예수님은 자신을 죽기까지 낮추셨고 우리도 걸어가야 할 그 길을 열어놓으셨습니다. 그리스도께서는 죽음을 통하지 않고는 마지막까지 하나님께 복종하심과, 아버지의 영광을 위해 인간의 본성을 포기하며 주장하지 않으셨음을 증명할 방법이 없으셨습니다. 이는 우리에게도 동일하게 적용됩니다.

겸손은 자신에 대해 죽는 길로 우리를 이끕니다. 그렇게 우리는 하나님과 그분의 영광을 위해 자신을 전적으로 포기했다는 것을 증명합니다. 그때 우리는 타락한 본성에서 자유롭게 되고, 하나님 안에서 생명을 얻고, 새로운 성품이 완전하게 탄생하는 지점에 이르는 길을 발견하게 됩니다. 새로운 성품으로서의 겸손은 우리의 호흡이자 기쁨입니다.

우리는 예수님이 부활의 생명을 제자들에게 전해주셨을 때, 또한 영화롭게 되어 보좌에 앉으신 겸손이신 그분이 성령의 강림으로 실제로 하늘에서 내려오시어 그들 가운데 거하셨을 때, 그분이 행하신 일에 대해 이야기한 바가 있습니다. 주님은 죽음을 통해 이 일을 행할 권세를 얻으셨습니다. 주님이 주신 생명은 가장 깊은 본질에 있어서는 죽음에서 나온 생명이자 죽음에 자신을 맡기시고 죽음을 통해 얻은 생명이었습니다. 제자들 가운데 거하시기 위해 오셨던 주님은 한 번 죽으셨다가 이제는 영원히 살아 계신 분이십니다.

주님의 생명, 주님의 인격, 주님의 임재는 죽음과 죽음으로부터 태어난 생명의 흔적을 지니고 있습니다. 제자들 안에 있는 생명도 마찬가지로 죽음의 흔적을 가지고 있습니다. 죽음을 당하신 분의 영, 죽음을 당하고 계시는 분의 영이 사람의 영혼 안에 거해서 역사하실 때만 주님의 생명력을 알 수 있습니다.

주 예수님의 죽음의 표지, 예수님을 진실로 따르는 제자임을 보여주는 죽음의 표지 중 가장 중요한 것은 겸손입니다. 그것은 다음의 두 가지 이유 때문입니다. 겸손만이 완전한 죽음으로 이르게 하고, 죽음만이 겸손을 완전하게 하기 때문입니다. 겸손과 죽음은 본질 자체에 있어서 하나입니다. 겸손에서 싹이 나서 죽음 가운데 그 열매가 완전하게 무르익습니다.

첫째, 겸손은 완전한 죽음에 이르게 합니다. 겸손은 자신을 포기하고 하나님 앞에서 전적으로 아무것도 아닌 자로서의 자리를 취하는 것을 의미합니다. 예수님은 자신을 낮추시고 죽기까지 복종하셨습니다. 죽음 가운데서 자신의 뜻을 내려놓고 하나님의 뜻에 복종하셨음을 증거하셨습니다. 죽음을 통해 예수님은 그 잔을 받기를 본성적으로 꺼려하는 자아를 내려놓으셨습니다. 인성으로 우리와 하나 되셨던 자신을 포기하셨습니다. 예수님은 자아에 대해 죽으셨고, 그분을 시험했던 죄에 대해 죽으셨습니다. 그렇게 인간으로서의 예수님은 하나님의 완전한 생명으로 들어가셨습니다.

만약 하나님의 뜻을 행하고 이를 위해 종으로 고난당하는 것 외에는 다른 어떤 것도 생각하지 않으신 무한한 겸손이 없었다면 주님은 결코 죽지 않으셨을 것입니다.

이런 사실은 "어떻게 자신에 대해 죽을 수 있는가?"라는 질문에 대한 해답을 제시해 줍니다.

자신에 대한 죽음은 우리에게 속한 일이 아니라 하나님의 사역입니다. 그리스도 안에서 우리는 죄에 대해 죽은 상태이고, 우리 안에 있는 생명은 죽음과 부활의 과정을 통해 나타났습니다. 실제로 우리는 죄에 대해 죽은 상태임을 확신해도 좋습니다. 하지만 우리의 성향과 행위 안에 이런 죽음의 능력이 완전하게 나타나는 것은 성령께서 그리스도의 죽음의 능력을 부여하시는 정도에 달려 있습니다.

이제 우리는 다음과 같은 내용을 배울 필요가 있습니다. 죽음을 통해 그리스도와의 충만한 교제 가운데 들어가고 자아로부터 완전히 구원받기 위해서는 자신을 겸손하게 낮춰야 한다는 것입니다. 이것은 우리가 감당해야 할 의무 중 하나입니다. 전적으로 도움이 필요한 자로서 하나님 앞에 서 있어야 합니다. 자신을 죽이거나 살리기에 무기력한 자라는 사실에 전적으로 동의해야 합니다. 스스로가 아무것도 아닌 자라는 자세로, 온유하고 오래 참고 신뢰하는 가운데 하나님께 자신을 맡기는 마음으로 엎드려야 합니다. 모든 굴욕을 받아들일 뿐 아니라 시험하고 고통을 주는 모든 사람을 겸손으로 인도하는 은혜의 수단으로 간주해야 합니다. 이웃 앞에서 자신을 겸손하게 하는 모든 기회를 하나님 앞에 겸손하게 머무르기 위한 도움의 수단으로 사용해야 합니다.

하나님은 그러한 자기 낮춤을 우리가 겸손을 전심으로 바라고 있다는 증거로, 겸손을 위한 최적의 기도로, 하나님의 강력한 은혜 사역을 위해 자신을 준비시키는 것으로 받아들이실 것입니다. 그리고 성령께서 강력한 힘으로 우리 안에 그리스도를 계시하시어 마침내 그분이 종의 형상으로 우리 안에 나타나시고 우리 마음속에 내주하실 것입니다. 우리가 완전한 죽음, 즉 그리스도 안에서 죽는 충만하고도 완전한 경험에 이르는 길은 바로 겸손입니다.

둘째, 죽음만이 겸손을 완전케 합니다. 많은 사람들이 기꺼이 겸손하려고 하지만 지나치게 겸손해지는 것을 두려워합니다. 우리는 그러한 실수를 저지르지 않도록 주의해야 합니다.

그들은 참된 겸손이 무엇이며, 이를 위해 어떤 일을 해야 하는지에 대해 너무 많은 자격 조건과 제한과 추론과 질문을 던짐으로 자신을 전적으로 겸손에 내맡기지 못합니다. 우리는 이를 주의해야 합니다.

죽기까지 겸손해야 합니다. 겸손이 완전해지는 것은 자신에 대한 죽음을 통해서입니다. 더 많은 은혜를 실제적으로 경험하고, 진정으로 거룩하게 구별되고, 예수님의 형상을 닮아가는 일이 더욱 풍성해지기 위해서는 그 근본에 자신에 대한 죽음이 있어야 합니다. 이로써 하나님과 사람 앞에서 겸손이 우리의 성향과 습관으로 증거됩니다.

가장 온유한 사랑이라고 말하면서도 실상은 자아가 가득 들어찬 채 죽음의 삶과 성령과 동행하는 삶에 대해 말할 수 있다는 것은 참으로 애석한 일입니다. 자아에 대한 죽음보다, 자신에 대한 어떤 명성도 추구하지 않는 겸손보다 더 확실한 죽음의 흔적은 없습니다. 그것은 자신을 비워 종의 형체를 취하는 것입니다.

멸시당하고 거부당하신 예수님과 교제하며 그분의 십자가를 지는 것에 대해 솔직하게 여러 차례 이야기하면서도 정작 하나님의 어린 양의 온유하고 비천하신, 자비하고 온화하신 겸손을 찾아보기 어렵고 추구하지도 않는 모습을 보게 됩니다. 하나님의 어린 양은 온유함과 죽음 두 가지를 의미합니다. 우리는 두 가지 모습으로 오신 주님을 영접해야 합니다. 어린 양 안에서 이 둘은 분리될 수 없고, 우리 안에 동일하게 존재해야 합니다.

우리 스스로가 이 일을 감당해야 한다면 희망이 없습니다. 본성은 은혜의 도움이 있더라도 본성을 거스를 수 없습니다. 중생한 사람이라 해도 자신의 자아를 결코 내쫓을 수 없습니다. 그러나 하나님을 찬양해야 합니다. 주님이 그 일을 행하시고 이루시고 영원히 완전케 하시기 때문입니다. 예수님의 죽음은 단번에 영원히 자아에 대하여 우리가 죽게 하는 것입니다. 그분은 또한 가장 거룩한 성소에 단번에 영원히 들어가신 예수님의 승천 사건을 통해 능력으로 우리와 교통하시고 죽음의 삶을 사는 능력을 우리에게 주시는 성령을 허락해 주셨습니다.

겸손을 추구하고 실천하는 영혼이 예수님의 발걸음을 따라가면 다른 무엇인가가 더 필요하다는 그의 의식이 깨어나고 소원과 희망이 살아납니다. 그의 믿음은 더욱 강해집니다. 그러면 그는 예수님의 영의 참된 충만함을 바라고 구하고 얻는 법을 배우게 됩니다. 이는 예수님의 영으로 인해 매일 그분의 충만한 능력 가운데 자신과 죄에 대한 죽음을 이어나가게 하며 겸손이 삶 전체를 아우르는 정신이 되게 합니다(주 참조).

> "무릇 그리스도 예수와 합하여 세례를 받은 우리는 그의 죽으심과 합하여 세례를 받은 줄을 알지 못하느냐"(롬 6:3).
> "너희 자신을 죄에 대하여는 죽은 자요 그리스도 예수 안에서 하나님께 대하여는 살아 있는 자로 여길지어다"(롬 6:11).
> "오직 너희 자신을 죽은 자 가운데서 다시 살아난 자 같이 하나님께 드리며 너희 지체를 의의 무기로 하나님께 드리라"(롬 6:13).

그리스도인이라는 자의식 전체는 그리스도의 죽음에 생명력을 불어넣으신 영으로 가득 차고 그분의 성품을 드러내야 합니다. 주 예수의 죽음을 자신의 육신에 지니고 다니는 가운데 그리스도 안에서 죽고, 또한 그리스도 안에서 죽은 자 가운데서 다시 살아난 자로서 자신을 영원히 하나님께 드려야 합니다. 그의 삶에는 늘 이중적인 표지가 나타납니다. 그의 삶은 참된 겸손으로 예수님의 무덤까지 깊이 뿌리내려 있습니다. 그의 삶은 죄와 자아에 대해 죽은 가운데 부활의 능력으로 예수님이 계시는 하늘을 향해 머리를 들고 있습니다.

신자들은 예수님의 죽음과 살아나심이 자신의 것이 되도록 믿음으로 요구해야 합니다. 자신과 여러 수고로부터의 안식과 하나님의 안식에 이르기 위해 예수님의 무덤으로 들어가야 합니다. 아버지의 손에 영혼을 맡기셨던 그리스도와 함께 매일 자신을 겸손하게 하고 낮아져 하나님을 전적으로 의존해야 합니다. 그러면 하나님이 당신을 일으키시고 높이실 것입니다.

매일 아무것도 아닌 자로서 깊이 있게 예수님의 무덤으로 빠져들어 가야 합니다. 그때 예수님의 살아나심이 우리 안에 나타날 것입니다. 자발적이고, 사랑이 넘치고, 안식이 있고, 행복이 넘치는 겸손이 우리가 그리스도의 죽음과 합한 세례를 받고 실제로 장자의 명분을 가진 자임을 주장하는 증거가 되게 하십시오.

"그가 거룩하게 된 자들을 한 번의 제사로 영원히 온전하게 하셨느니라"(히 10:14).

그리스도의 굴욕으로 들어가는 영혼들은 주님 안에서 자신을 죽은 자로 보고 여기는 능력을 발견하게 될 것입니다. 그리고 주님으로부터 배우고 받은 자들로서 서로를 사랑 안에서 용납하는 가운데 전적인 온유와 겸손으로 행하는 능력 역시 찾아낼 것입니다. 죽음의 삶은 그리스도와 같이 온유와 겸손 속에서 발견됩니다.

NOTE

"자신에 대해 죽는 것, 또는 자신의 권세에서 벗어나는 것은 본성적인 능력에서 비롯한 어떤 적극적인 저항으로 이루어지는 것이 아닙니다. 자신에 대해 죽는 한 가지 참된 방법은 인내와 온유와 겸손과 하나님께 항복하는 삶의 길을 걷는 것입니다. 이것이 자신을 완전히 죽게 하는 참된 방식입니다. 하나님의 어린 양의 의미가 무엇인지 스스로에게 질문한다면 인내, 온유함, 겸손, 하나님께 항복하는 것을 뜻한다고 답해야만 할 것입니다. 따라서 이런 덕목을 바라고 믿는 것은 그리스도께 대한 전념이고, 그분께 자신을 내맡기고 그분에 대한 믿음을 완전하게 하는 것임을 답해야 할 것입니다.

인내와 온유와 겸손과 하나님께 항복하는 가운데 마음을 낮추는 성향은 자신의 모든 것, 즉 타락한 아담으로부터 부여받은 모든 것을 진정으로 포기하는 것입니다. 따라서 그리스도를 따르는 것은 가지고 있는 모든 것으로부터 완전히 떠나는 것입니다. 이것이 그리스도를 향한 믿음에서 나온 가장 고귀한 행동입니다. 그리스도께서는 이런 덕목들이 나타나는 곳에만 계십니다. 이런 덕목들이 나타날 때 그리스도께서는 그분의 나라 가운데 계십니다. 우리가 좇는 그리스도께서는 이와 같아야 할 것입니다."

"하나님의 사랑의 영은 그분의 능력과 자비에 자신을 인내와 겸손으로 내맡기는 가운데 자아에 대해 전적으로 죽기 전까지는 어떤 타락한 인간 속에서도 나타날 수 없습니다."

저는 온유하고 겸손하고 오래 참으시고 고난당하신 하나님의 어린 양의 공로와 중보를 통한 구원을 전적으로 구합니다. 하나님의 어린 양만이 우리 영혼 속에 있는 이러한 하늘의 덕목들이 복되게 나타나게 하는 능력을 갖고 계십니다. 온유하고 겸손하고 오래 참으시고 자신을 내맡기신 하나님의 어린 양이 우리 영혼 안에 진정으로 태어나셔야만 구원이 가능합니다.

하나님의 어린 양이 우리의 영혼 속에 그분의 온유함과 겸손과 하나님께 자신을 내맡기는 일이 실제로 나타나게 하실 때 우리 영혼 안에 사랑의 영이 나타나게 됩니다. 사랑의 영이 우리 안에 언제라도 나타나면 우리의 영혼은 하나님 안에서 평강과 희락의 향연을 누리며 그전에 우리가 평강, 혹은 희락이라고 칭했던 모든 것에 대한 기억을 잊어버리고 말 것입니다.

"하나님께 이르는 이 길에는 오류가 있을 수 없습니다. 이 길은 우리 구주의 두 가지 성품에 기초하고 있습니다. 첫째, 주님은 하나님의 어린 양이시기 때문에 영혼 속의 모든 온유와 겸손의 원리가 되십니다. 둘째, 주님은 하늘의 빛이자 영원한 본성을 복되게 하셔서 천국으로 변화시키십니다. 따라서 우리가 하나님께 온유함과 겸손으로 자신을 내맡기어 영혼의 쉼을 얻고자 할 때 하나님과 하늘의 빛이신 어린 양이 기쁨으로 우리 안에 오셔서 어둠을 빛으로 바꾸시고 우리 안에 하나님의 나라와 사랑의 나라가 시작되게 하십니다. 이 나라는 끝나지 않는 나라입니다."

- 「완전하신 하나님」(*Wholly For God*, 이 책의 전체 내용은 세심하게 연구할 가치가 있습니다. 인간의 편에서 하나님 앞에 지속적으로 겸손히 엎드리는 것이 어떻게 자아에 대하여 죽는 유일한 길인지를 보여주는 책입니다).

11
겸손과 행복

Andrew Murray

> "그러므로 도리어 크게 기뻐함으로 나의 여러 약한 것들에 대하여 자랑하리니 이는 그리스도의 능력이 내게 머물게 하려 함이라 그러므로 내가 그리스도를 위하여 약한 것들과 능욕과 궁핍과 박해와 곤고를 기뻐하노니 이는 내가 약한 그때에 강함이라"(고후 12:9-10).

받은 계시가 지극히 큰 까닭에 바울은 자고해지지 않고 겸손함을 유지할 수 있도록 육체의 가시를 부여받았습니다. 그의 가장 큰 소원은 가시가 제거되는 것이었습니다. 그래서 그는 주님께 세 번에 걸쳐 그것이 떠나가게 해달라고 간구했습니다. 하지만 받은 응답은 그러한 시련이 축복이라는 것이었습니다. 그 이유는 육체의 가시가 가져온 연약함과 굴욕 속에서 주님의 은혜와 힘이 더 잘 드러날 수 있기 때문이었습니다.

바울은 시험을 직면하는 데 있어서 새로운 단계에 진입했습니다. 단순히 참아내는 대신 가장 기쁜 마음으로 시련을 자랑스럽게 여겼습니다. 시련에서 벗어나기를 구하는 대신 그 안에서 만족을 얻었습니다. 바울은 굴욕이 축복과 능력과 기쁨의 자리가 될 수 있음을 배웠습니다.

모든 그리스도인들은 겸손을 추구하면서 이처럼 두 가지 단계를 거치게 됩니다. 첫째 단계에서는 자신을 겸손하게 만드는 모든 상황을 두려워하여 도망치고 거기에서 벗어나기를 구합니다. 아직은 어떤 대가를 지불하면서까지 겸손을 구하는 법을 배우지 못한 것입니다. 겸손이라는 명령을 받아들이고 그 명령을 따르려고 하지만 자신이 얼마나 철저하게 실패하는가를 발견하게 될 뿐입니다.

그는 겸손을 위해 기도하는데 때로 매우 진지하게 기도합니다. 하지만 말로 표현하지는 않아도 마음 깊은 곳에서는 자신을 겸손하게 만드는 상황에서 벗어나기를 바라는 기도를 더 많이 하게 됩니다. 하나님의 어린 양의 아름다움이자 하늘의 기쁨으로서의 겸손을 아직은 많이 사랑하지 못하기 때문에, 겸손을 얻기 위해 자신의 모든 것을 포기하지는 못합니다.

겸손을 추구하고 이를 위해 기도하는 과정 속에서 어느 정도의 부담과 굴레라는 의식이 여전히 있습니다. 자신을 겸손하게 하는 것이 아직까지는 본질적으로 겸손한 삶과 본성의 자발적인 표현이 되지는 못한 것입니다. 겸손이 아직은 자신의 기쁨이자 유일한 즐거움이 되지 못하고 있습니다. 아직은 "나의 연약함이 가장 기쁜 자랑거리가 되고 나를 겸손하게 한다면 무엇이라도 즐겁다"라고 말할 수는 없는 상태입니다.

하지만 이런 고백을 할 단계에 이르리라는 소망이 있습니까? 그것은 의심할 여지가 없습니다. 그렇다면 무엇이 우리를 그런 단계로 이끌어갑니까?

바울을 그런 단계에 이르게 한 것은 바로 주 되신 예수님의 새로운 계시였습니다. 오직 하나님의 임재만이 자신을 드러내고 쫓아낼 수 있습니다. 더욱 명확한 통찰력이 바울을 깊은 진리로 이끌어주었습니다. 그 진리란 예수님의 임재가 우리 안에 무엇인가를 구하려는 모든 소원을 없애주고, 그리스도께서 충만하게 나타나시도록 우리를 준비시키는 온갖 굴욕을 기뻐하게 해준다는 것입니다. 우리가 당하는 굴욕들은 예수님의 임재와 능력을 경험하는 가운데 가장 고귀한 축복으로서의 겸손을 택하도록 이끌어줍니다. 우리는 바울의 이야기가 가르쳐주는 이런 교훈들을 배우려고 노력해야 합니다.

진보적인 신자들과 유능한 교사들과 하늘의 체험이 있는 사람들조차 연약함을 기뻐하며 자랑하는 가운데 완전한 겸손이 주는 교훈을 아직 충분히 배우지 못했을 수 있습니다. 우리는 이러한 모습을 바울에게서 봅니다. 자신을 높이게 될 위험성이 매우 가까이 다가오고 있었습니다. 바울은 아무것도 아닌 자가 되는 것이 무엇을 의미하는지 아직 완전히 알지 못했습니다. 그것은 자신이 죽어 그리스도만이 자신 안에 살게 되는 것이며 자신을 낮아지게 하는 모든 것을 기뻐하는 것이었습니다. 이러한 것들은 바울이 배워야 할 가장 고귀한 교훈이었습니다. 즉 하나님이 전부가 되시도록 하기 위해 연약함을 기뻐하는 자기 비움이 있어야만 주님을 충만하게 닮게 된다는 사실입니다.

신자가 배워야 할 가장 고귀한 교훈은 겸손입니다. 거룩에 있어서 진보를 추구하는 모든 신자는 이 사실을 잘 기억하고 있습니다. 그에게는 강도 높은 자기구별과 열렬한 열심과 하늘의 체험이 있을 수 있습니다. 하지만 주님의 특별한 간섭하심이 없다면 그들은 이 모든 것과 함께 무의식적으로 자기를 높일 수 있습니다. 가장 고귀한 거룩이 가장 깊은 겸손이라는 교훈을 배워야 합니다. 그리고 이런 겸손은 저절로 오는 것이 아니라 신실하신 주님의 간섭하심이 있을 때만 가능하다는 것을 기억해야 합니다.

이런 경험의 측면에서 우리의 삶을 바라보아야 합니다. 과연 우리는 기쁜 마음으로 자신의 연약함을 자랑하고 바울과 같이 상처와 가난과 고난을 기뻐하고 있습니까? 정당함의 유무를 떠나 친구나 적으로부터 받는 책망이나 비난, 또는 다른 사람들이 우리에게 가져다주는 상처, 곤란함, 어려움 등을 예수님이 우리에게 전부가 되심을 증거하는 기회로 받아들이는 법을 배웠습니까? 그리고 우리 자신의 쾌락이나 명예가 아무것도 아니며 굴욕이 어떻게 그 자체로 우리가 기뻐하는 대상이 되는지를 증명하는 기회로 받아들이는 법을 배웠습니까? 예수님이 전부가 되신다는 생각 가운데 우리에게 행해지고 들려진 모든 내용들이 사라지고 삼킨 바 된 것은 자신으로부터 자유롭게 되는 하늘이 주는 깊은 복입니다.

바울을 책임지셨던 주님이 우리도 책임지신다는 사실을 신뢰해야 합니다. 바울은 하늘에서 들었던 가히 이를 수 없는 내용들보다 더 소중한 것, 즉 연약함과 낮아짐을 자랑하는 것이 무엇인지 배우기 위해 특별한 훈련과 가르침을 필요로 했습니다. 우리는 그러한 훈련과 가르침이 더욱더 필요합니다. 바울을 돌보신 하나님이 우리도 돌보십니다.

하나님은 질투할 정도의 사랑과 관심으로 우리를 지켜보시며 우리로 하여금 자고하지 않게 하십니다. 만약 우리가 스스로 높아지면 우리의 악을 깨닫게 하시고 자고한 상태로부터 우리를 구원하십니다. 주님은 시련과 연약함과 고생 가운데 우리를 낮아지게 하십니다. 그러면 마침내 우리는 주님의 은혜가 전부라는 사실을 깨닫고는 우리 스스로를 낮아지게 할 뿐 아니라 낮아짐에 머물게 하는 모든 것을 기뻐하게 됩니다. 하나님의 강함이 우리의 약함 속에서 완전해지고, 주님의 임재가 아무것도 아닌 우리를 채우고 만족시키는 것이 실패하지 않는 겸손의 비밀이 되는 것입니다.

하나님이 우리 안에서 우리를 통해 일하심을 완전히 바라보게 될 때 비로소 그는 "내가 아무것도 아니나 지극히 크다는 사도들보다 조금도 부족하지 아니하니라"(고후 12:11)고 말할 수 있게 됩니다. 자신이 당하는 굴욕으로 인해 참된 겸손에 이르게 되고, 자신을 낮추는 모든 것을 놀랍도록 기뻐하고 자랑하고 즐거워하게 됩니다.

"도리어 크게 기뻐함으로 나의 여러 약한 것들에 대하여 자랑하리니 이는 그리스도의 능력이 내게 머물게 하려 함이라"(고후 12:9).

겸손한 사람은 지속되는 기쁨의 비밀을 배운 사람입니다. 연약함을 느낄수록 그는 더 낮게 엎드립니다. 자신의 굴욕이 더 클수록 그리스도의 능력과 임재가 더욱 그의 기업이 되며, 결국 "내가 아무것도 아니요"라고 말하게 될 때 "내 은혜가 네게 족하도다"(고후 12:9)라는 주님의 말씀이 더 깊은 기쁨을 가져다줍니다.

지금까지의 내용을 두 가지로 정리하면 다음과 같습니다. 그것은 교만의 위험이 우리가 생각하는 것보다 더 크고, 더 가까이 있다는 것이고 겸손의 은혜도 그와 동일하다는 것입니다.

첫째, 교만의 위험은 우리의 생각 이상으로 더 크고, 더 가까이 존재합니다. 특별히 우리가 가장 높아진 경험을 할 때 더욱 그렇습니다. 성도가 그의 입술에 의존하며 흠모하는 설교자나,

천국의 삶의 비밀이 어떠함을 풀어내는 능력 있는 강사나, 복된 경험에 대한 간증을 전하는 그리스도인이나, 승리한 것처럼 여기저기 다니며 기뻐하는 군중에게 축복을 전하는 복음전도자는 무의식적이며 숨겨진 위험이 무엇인지 모른 채 무방비로 노출되어 있습니다.

바울도 그 사실을 모른 채 위험에 처해 있었습니다. 다행스럽게도 예수님이 그를 위해 하신 일이 우리를 교훈하기 위해 성경에 기록되어 있어서 우리는 그 위험을 알고 유일한 안전장치가 무엇인지를 알 수 있습니다.

거룩을 가르치는 사람에 대하여 혹시 그가 자아로 가득 차 있고 그가 설교하는 내용을 실천하지 않는다는 말이 들린다면, 또는 그가 전하는 복이 그로 하여금 더 겸손하고 온유하게 하지 않는다는 말이 나온다면 다른 말을 할 필요가 없습니다. 우리가 신뢰하는 예수님이 우리를 겸손하게 하실 것입니다.

둘째, 겸손의 은혜 역시 우리의 생각 이상으로 더 크고, 더 가까이 존재합니다. 예수님의 겸손이 우리의 구원입니다. 예수님이 우리의 겸손이십니다. 우리의 겸손은 주님의 돌보심과 사역에서 비롯한 것입니다. 주님의 은혜가 우리에게 족하기에 교만의 유혹에도 대처할 수 있습니다. 주님의 능력은 우리의 연약함 속에서 완전해질 것입니다. 우리는 연약해지기를, 낮아지기를, 아무것도 아닌 자가 되기를 선택해야 합니다.

겸손이 우리의 기쁨과 환희가 되어야 합니다. 연약함과 더불어 우리를 겸손하게 하고 지속적으로 낮아지게 하는 모든 것을 기쁨으로 자랑하고 즐거워해야 합니다. 그러면 그리스도의 능력이 우리에게 머물 것입니다. 그리스도께서는 자신을 낮추셨기 때문에 하나님이 그를 높이셨습니다. 그리스도께서 우리를 겸손하게 하시고 겸손함에 머물게 하실 것입니다.

우리는 이 사실에 마음으로 동의해야 합니다. 또한 겸손하게 하는 모든 것을 신뢰와 기쁨으로 받아들여야 합니다. 그러면 가장 깊은 겸손이야말로 아무것도 깨뜨릴 수 없는 참된 행복과 기쁨의 비밀이라는 사실을 발견하게 될 것입니다.

12
겸손과 자기 높임

Andrew Murray

"무릇 자기를 높이는 자는 낮아지고 자기를 낮추는 자는 높아지리라"(눅 14:11, 18:14).

"하나님이 교만한 자를 물리치시고 겸손한 자에게 은혜를 주신다 하였느니라…주 앞에서 낮추라 그리하면 주께서 너희를 높이시리라"(약 4:6, 10).

"그러므로 하나님의 능하신 손 아래에서 겸손하라 때가 되면 너희를 높이시리라"(벧전 5:6).

어떻게 하면 교만을 정복할 수 있느냐는 질문을 받은 적이 있습니다. 대답은 간단합니다. 두 가지가 필요합니다. 첫째, 하나님이 우리의 할 일이라고 말씀하신 그것을 행하는 것입니다. 이는 자신을 낮추는 것입니다. 둘째, 하나님이 자신의 일이라고 말씀하신 그 일을 행하실 것을 신뢰하는 것입니다. 그것은 하나님이 우리를 높이시리라는 것입니다.

명령은 명백합니다. 자신을 낮추어야 합니다. 이는 본성 안에 존재하는 교만을 정복하고 내쫓으며, 거룩하신 예수님의 낮아지심을 자신 안에 이루어야 한다는 뜻이 아닙니다. 이것은 우리가 해야 할 일이 아닙니다. 하나님이 하실 일입니다. 그분이 우리를 높이시는 일의 본질은 사랑받는 아들의 실제 형상을 닮게 하시는 것입니다. 그 명령의 의미는 하나님과 사람 앞에서 자신을 낮추기 위한 모든 기회를 사용하라는 것입니다.

우리는 우리 안에 이미 역사하고 있는 은혜에 대한 믿음과 다가올 승리를 위해 더 많은 은혜가 예비되어 있다는 확신 가운데 마음의 교만과 그 역사를 매번 비추는 양심의 빛이 되어야 합니다. 그럼에도 실패하고 넘어질 수 있지만 자신을 낮추라는 변함없는 명령을 계속해서 지켜나가야 합니다. 자신을 겸손하게 할 필요를 깨닫고 겸손에 이르기 위해 안에서든 밖에서든, 친구에게서든 적에게서든, 자연적으로든 은혜로든 하나님이 허락하시는 모든 것을 받아들여야 합니다. 겸손을 가장 기본적인 덕목이자 하나님 앞에서 첫째가는 의무로, 영혼을 보호해 주는 영속적인 수단으로 여겨야 합니다. 아울러 모든 복의 근원으로서 겸손이 마음에 자리 잡게 해야 합니다.

"자기를 낮추는 자는 높아지리라"(눅 14:11)는 말씀은 하나님이 주신 약속으로 확실한 것입니다. 하나님이 명하신 한 가지

일, 즉 자신을 낮추는 일을 행해야 합니다. 그러면 하나님이 친히 약속하신 그 한 가지 일을 분명히 행하실 것입니다. 하나님이 더 많은 은혜를 주셔서 때가 되면 우리를 높이실 것입니다.

하나님이 사람을 다루시는 모든 일에는 두 가지 단계의 특징이 있습니다. 첫째, 준비의 단계입니다. 하나님의 명령과 약속에 대해 실패와 부분적인 성공, 노력과 무기력함이 뒤섞여 나타나는 동시에 더 나아질 것에 대한 거룩한 기대가 동반되는 때입니다. 아울러 더 높은 단계로 나아가도록 사람들을 훈련시키고 단련하는 때입니다.

둘째, 성취의 단계입니다. 믿음으로 약속의 기업을 받아 이전에 그렇게 애를 써도 받지 못했던 것을 누리게 되는 때입니다. 이 법칙은 그리스도인의 삶의 전 영역과 각각의 모든 덕을 추구하는 데 있어서 유효합니다.

우리의 구속과 관련된 모든 일에 있어서 하나님은 분명 주도권을 가지고 계십니다. 하나님이 일하시고 난 후에야 인간의 차례가 옵니다. 순종과 성취를 위한 노력 속에서, 자신에 대해 죽어야만 하는 자기 절망 속에서 인간은 스스로의 무력함을 깨닫는 법을 배우게 됩니다. 처음에 무지함 가운데 받아들였던 하나님의 역사가 끝이 나고 완성될 것을 자발적이고 지적으로 수용하게 됩니다. 인간이 하나님을 바르게 알기 전에는, 또는 그분의 목적을 완전히 이해하기 전에는 처음이셨던 하나님이, 그때 비로소 마지막이자 만유 되시는 분으로서 갈망되고 받아들여집니다.

겸손을 추구하는 데 있어서는 한층 더 그러합니다. 모든 그리스도인에게 "자신을 낮추라"는 명령은 하나님의 보좌로부터 나타납니다. 듣고 순종하는 모든 진지한 노력은 응답을 받습니다. 그러나 두 가지 사항을 고통스럽게 발견해내는 응답으로 보상을 받습니다. 첫째, 자기 자신을 아무것도 아닌 자로 여기거나 남들이 자신을 아무것도 아닌 자로 여기는 것을 싫어하고 하나님께 절대적으로 복종하는 것을 꺼려하는, 전에는 결코 알지 못했던 깊은 교만이 자리 잡고 있다는 것을 발견하게 됩니다.

둘째, 이와 같은 무시무시한 괴물을 없애기 위한 우리의 모든 노력과 하나님의 도우심을 구하는 모든 기도가 철저하게 무기력하다는 사실을 발견하게 됩니다. 하나님께 소망을 두는 자, 자기 안에 존재하는 교만의 권세에도 불구하고 하나님과 사람 앞에서 겸손히 행하는 가운데 견디는 자는 복이 있습니다.

우리는 인간 본성의 법칙을 잘 알고 있습니다. 행동이 습관을 낳고, 습관이 성향을 길러내고, 성향이 의지를 형성하고, 바르게 형성된 의지가 성품이 됩니다. 은혜의 역사에 있어서도 다르지 않습니다. 꾸준히 반복된 행위가 습관과 성향을 낳고, 이런 습관과 성향이 의지를 강화시키듯 의지와 행위 모두에 역사하시는 하나님이 강력한 능력과 성령으로 우리에게 다가오십니다.

회개하는 성도가 하나님 앞에 자주 자신을 낮추며 교만한 마음을 겸손케 할 때 그는 더 큰 은혜로 보상을 받습니다. 예수 그리스도의 영이 그의 겸손한 마음을 사로잡으시고 성숙함에 새로운 본성을 더하시어 온유하고 겸손하신 하나님이 영원토록 거하시게 됩니다.

주 앞에서 자신을 낮추면 주님이 높이십니다. 그 높임이란 무엇입니까? 사람의 가장 높은 영광은 하나님의 영광을 받아서 누리고 그것을 나타내는 질그릇이 되는 것입니다. 하나님이 전부가 되시도록 스스로 기꺼이 아무것도 아닌 자가 될 때만 이런 일을 할 수 있습니다. 물은 항상 가장 낮은 곳을 먼저 채웁니다. 우리가 하나님 앞에서 더 낮고 더 부족한 자로 엎드릴 때 하나님의 영광이 더 충만하게 흘러들 것입니다.

하나님이 약속하신 높임은 그분 자신과 동떨어진 것이 아니며 그럴 수도 없습니다. 하나님이 주셔야 하거나 주실 수 있는 모든 것은 하나님 자신이며 그분을 더 완전하게 소유하도록 하는 것입니다.

또한 하나님이 약속하신 높임은 이 땅의 상처럼 상을 받는 행동과 필연적인 관계가 없는 임의적인 것이 아닙니다. 그것은 본질 자체로는 우리 자신을 낮추는 데서 오는 효과이자 결과이며 내주하시는 하나님의 겸손과 하나님의 어린 양의 겸손을 닮고 소유하는 데서 오는 은사입니다. 이를 통해 우리는 하나님의 내주하심을 충만히 받기에 합당한 상태가 됩니다.

예수님은 스스로 "자기를 낮추는 자는 높아지리라"는 말씀이 진리라는 증거가 되십니다. 이 말씀이 우리에게 분명히 성취된다는 것을 보증하시는 분도 예수님이십니다. 우리에게 주어진 그분의 멍에를 메고 그분에게서 배워야 합니다. 예수님은 온유하고 겸손한 마음을 가지신 분이시기 때문입니다. 예수님이 우리에게 자신을 낮추셨듯이 기꺼이 우리 자신을 낮춘다면 주님이 다시 우리 각자에게 자신을 낮추시고 또 우리는 주님과 함께 멍에를 메고 있는 모습을 발견하게 될 것입니다.

우리가 예수님과의 겸손의 교제 속으로 더욱 깊이 들어가고, 우리가 스스로를 낮추거나 다른 사람들이 우리를 낮추는 상황을 잘 견뎌낸다면 높이시는 주님의 영, 하나님의 영광의 영이 우리에게 머무는 것을 확인할 수 있을 것입니다. 영화롭게 되신 그리스도의 임재와 능력이 겸손한 영혼을 가진 자들에게 찾아오실 것입니다. 하나님이 우리 안의 합당한 자리에 다시 계실 때 주님이 우리를 높이실 것입니다.

우리는 자신을 겸손하게 하면서 주님의 영광이 우리의 관심사가 되게 해야 합니다. 그러면 하나님은 우리의 겸손을 완전하게 하시고, 우리 안에 계속해서 생명 되신 아들의 영을 불어넣으시며 우리가 영화롭게 되는 것을 그분의 관심사로 삼으십니다. 전 영역에 스며드는 하나님의 생명력이 우리를 소유할 때 우리는 스스로에 대한 어떤 생각이나 소원 없이 아무것도 아닌 자가 되는 것이 매우 자연스럽고 달콤하게 느껴질 것입니다. 만유를 채우시는 주님께 모든 것이 사로잡혀 있기 때문입니다.

> "그러므로 도리어 크게 기뻐함으로 나의 여러 약한 것들에 대하여 자랑하리니 이는 그리스도의 능력이 내게 머물게 하려 함이라"(고후 12:9).

우리를 구별해서 드리는 것과 우리의 믿음이 거룩을 추구하는 데 있어서 거의 소용이 없는 이유가 여기에 있습니다. 믿음이라는 미명 하에 사역을 했지만 실상 그것은 자신과 자신의 힘을 통한 것이었습니다. 하나님을 불렀지만 실상 그것은 자신과 자신의 행복을 위한 것이었습니다. 무의식적으로나마 영혼이 기쁨을 느낀 것은 무의식적이기는 하지만 실상은 자신과 자신의 거룩을 기뻐한 것이었습니다. 우리는 하나님과 사람의 전 생애에 걸쳐 나타나는 특징으로서 절대적이고, 지속적이고, 그리스도를 닮은 겸손과 자기를 비우는 겸손이 우리가 구해 온 거룩한 삶의 가장 필수 요소라는 것을 알지 못했습니다.

자신을 잃어버리는 것은 하나님을 소유할 때만 가능합니다. 햇빛 속에 떠다니는 작은 먼지들이 보이는 이유는 빛의 높이와 넓이와 찬란함 때문입니다. 이와 같이 겸손도 주님의 사랑의 빛 안에 거하는 먼지처럼 되기 위해 주님의 임재 가운데 우리의 자리를 차지하고 있습니다.

"하나님은 얼마나 위대하신가! 나는 얼마나 작은 자인가! 주님의 무한한 사랑 가운데 길을 잃고 삼켜졌도다! 나는 없어지고 하나님만이 계시도다!"

겸손해지는 것, 즉 주님의 임재 안에서 아무것도 아닌 자가 되는 것이 가장 높은 성취이며 그리스도인의 삶에 있어 가장 충만한 복임을 하나님이 가르쳐주시기를 원합니다. 하나님은 우리에게 "내가 높고 거룩한 곳에 있으며 또한 통회하고 마음이 겸손한 자와 함께 있나니"(사 57:15)라고 말씀하십니다. 이 말씀이 우리의 기업이 되어야 할 것입니다.

"더 비우고, 더 낮아지고, 천하며, 누구도 알아주지 않고, 알려지지 않는 자가 되어 그리스도로 충만한, 그리스도만으로 충만한, 더욱 거룩한 그릇으로 하나님께 드려지기를 원합니다!"

NOTE
비밀 중의 비밀

겸손은 참된 기도의 영입니다. 마음속의 영혼이 새로워질 때까지, 이 땅의 모든 소원이 사라질 때까지, 기도의 참된 정신이라 할 수 있는 하나님을 향한 습관적인 주림과 갈증 속에 거할 때까지 우리의 모든 기도는 학자들에게 주어진 교훈과 매우 흡사할 것입니다. 그리고 우리 대부분은 그들을 무시할 엄두도 내지 못하기 때문에 아마도 그렇게 기도하게 될 것입니다.

하지만 낙심하지 마십시오. 우리는 마음에 품은 것보다 더 고결한 언어로 된 찬송이나 기도를 하게 되겠지만 다음의 조언을 따른다면 단지 입술만의 노력이나 위선을 행할 위험에 빠지지 않고 교회에 갈 수 있을 것입니다.

우선 세리가 성전에 갔던 것처럼 교회에 가십시오. 그리고 세리가 눈을 들지 못하고 "하나님이여 불쌍히 여기소서 나는 죄인이로소이다"(눅 18:13)라고 표현했듯이 내면의 영을 세우십시오. 이러한 마음 상태는 적어도 그것을 소원하는 부분에 있어서는 변함이 없어야 합니다. 그때 당신의 입에서 나오는 모든 간구가 거룩해질 것입니다. 그래서 어떤 성경 구절을 읽거나, 어떤 찬양을 하거나, 어떤 기도를 드릴 때 마음의 상태보다 더 고귀한 내용이 나온다면 이를 세리의 마음으로 여겨 더 낮아지기 위한 기회로 삼아야 합니다. 그렇게 할 때 실제 우리의 마음보다 더 고귀해 보이는 기도와 찬양을 통해서도 도움을 받고 축복을 받을 것입니다.

이것이 비밀 중의 비밀입니다. 이는 우리가 심지 않은 데서 열매를 거두도록 도와줄 것이고 우리의 영혼을 위한 끊임없는 은혜의 원천이 될 것입니다.

우리의 내면에서 각성되거나 외부에서 우리에게 일어나는 모든 일은 우리가 겸손한 마음 상태에 있기만 한다면 실제로 유익한 일이 될 것입니다. 겸손한 영혼에게는 그 어떤 것도 헛되거나 무익하지 않기 때문입니다.

겸손한 영혼은 경건의 능력이 항상 자라나는 상태에 있습니다. 그 영혼 위에 떨어지는 모든 것은 하늘의 이슬과도 같습니다. 그러므로 입을 굳게 다물고 이런 형태의 겸손 안에 머물도록 해야 합니다. 모든 선한 것이 그 안에 감춰져 있습니다. 타락한 영혼의 불길을 하나님의 생명력을 가진 온유함으로 바꾸고 하나님과 사람을 향한 사랑이 불붙게 하는 기름을 만들어내는 것은 바로 하늘의 물줄기입니다.

따라서 우리는 겸손으로 항상 자신을 감싸야 합니다. 겸손이라는 의복으로 늘 자신을 덮고, 겸손이라는 허리띠로 허리를 동여야 합니다. 겸손의 영으로만 호흡하고 겸손의 눈으로만 바라보아야 합니다. 그리고 겸손의 귀로 귀 기울여야 합니다. 그렇게 하면 교회 안에 있든 교회 밖에 있든, 하나님을 찬양하는 소리를 듣든 좋지 않은 일을 당하든 그 모든 것들이 우리를 세워주고 하나님의 생명 속에서 우리 스스로 성장하는 것을 도와줄 것입니다.

– 『기도의 영』 (*Spirit of Prayer*, Pt.II, p.121)

겸손을 위한 기도

여기에서는 이 모든 내용을 진리로 가늠할 확실한 방법을 제시하려고 합니다. 이는 세상과 모든 대화로부터 단 한 달만이라도 물러나는 것입니다. 글도 쓰지 말고, 독서도 하지 말고, 자신과의 어떤 토론도 하지 않는 것입니다. 우리의 지성과 마음을 사용하는 모든 일들을 중지하는 것입니다.

그리고 그 한 달 내내 온 힘을 다해, 할 수 있는 한 계속적으로 다음과 같이 기도하십시오. 기도하되 무릎을 꿇고 자주 기도하십시오. 앉아 있을 때나 걸을 때나 서 있을 때 항상 내면으로 갈구하면서 하나님께 다음과 같이 간절히 기도하십시오.

> "주님의 크신 선하심으로 주님을 알게 하시고, 우리의 악한 마음에서 온 것이든 타락한 본성에서 비롯한 것이든 우리 안에 있는 온갖 종류의 교만을 마음에서 제하여 주옵소서."

그리고 주님의 빛과 성령께서 거하실 마음의 상태가 되게 하는 겸손의 깊이와 진리가 우리 안에 깨어나기를 기도하십시오. 고통에 처한 사람들이 기도하고 그 아픔에서 풀려나기를 기대하듯 마음 깊은 곳에 이 문제를 놓고 진정으로 간절하게 기도하고 기다리는 것 외에는 다른 어떤 생각도 하지 마십시오.

이런 기도의 정신에 진실하고도 간절하게 자신을 드린다면 감히 확신하

건대 우리 안에 막달라 마리아의 두 배나 되는 악령이 거하고 있다 할지라도 그가 쫓겨나가고 마리아와 함께 거룩하신 주님의 발 앞에 엎드려 사랑의 눈물을 흘리게 될 것입니다.

— 『기도의 영』 (*Spirit of Prayer*, Pt.II, p.124)

사명선언문

너희가 흠이 없고 순전하여……세상에서 그들 가운데 빛들로
나타내며 생명의 말씀을 밝혀 _ 빌 2:15-16

1. 생명을 담겠습니다
만드는 책에 주님 주신 생명을 담겠습니다.
그 책으로 복음을 선포하겠습니다.

2. 말씀을 밝히겠습니다
생명의 근본은 말씀입니다.
말씀을 밝혀 성도와 교회의 성장을 돕겠습니다.

3. 빛이 되겠습니다
시대와 영혼의 어두움을 밝혀 주님 앞으로 이끄는
빛이 되는 책을 만들겠습니다.

4. 순전히 행하겠습니다
책을 만들고 전하는 일과 경영하는 일에 부끄러움이 없는
정직함으로 행하겠습니다.

5. 끝까지 전파하겠습니다
모든 사람에게, 땅 끝까지, 주님 오시는 그날까지
복음을 전하는 사명을 다하겠습니다.

서점 안내

광화문점 서울시 종로구 새문안로 69 구세군회관 1층
02)737-2288 / 02)737-4623(F)

강남점 서울시 서초구 신반포로 177 반포쇼핑타운 3동 2층
02)595-1211 / 02)595-3549(F)

구로점 서울시 동작구 시흥대로 602, 3층 302호
02)858-8744 / 02)838-0653(F)

노원점 서울시 노원구 동일로 1366 삼봉빌딩 지하 1층
02)938-7979 / 02)3391-6169(F)

일산점 경기도 고양시 일산서구 중앙로 1391 레이크타운 지하 1층
031)916-8787 / 031)916-8788(F)

의정부점 경기도 의정부시 청사로47번길 12 성산타워 3층
031)845-0600 / 031)852-6930(F)

인터넷서점 www.lifebook.co.kr